RESERVATIONS
Book

M T W R (F) S Su
9 / 18 (Date)

	Party Size	Name	Phone	Notes
5:00	8	Jane Smith	555-123-5785	Bday surprise for Mary
5:15	2	Mark Lon	555-123-5255	first available
5:30				
5:45				
6:00				
6:15				
6:30	5	Dana Mira	555-123-2788	

fortis design

M T W R F S Su

_____/_____ (Date)

	Party Size	Name	Phone	Notes
5:00				
5:15				
5:30				
5:45				
6:00				
6:15				
6:30				
6:45				
7:00				
7:15				
7:30				
7:45				
8:00				
8:15				
8:30				
8:45				
9:00				
9:15				
9:30				
9:45				
10:00				
10:15				
10:30				
10:45				
11:00				
11:15				
11:30				
11:45				
12:00				
12:15				
12:30				
12:45				

M T W R F S Su

_____/_____ (Date)

	Party Size	Name	Phone	Notes
5:00				
5:15				
5:30				
5:45				
6:00				
6:15				
6:30				
6:45				
7:00				
7:15				
7:30				
7:45				
8:00				
8:15				
8:30				
8:45				
9:00				
9:15				
9:30				
9:45				
10:00				
10:15				
10:30				
10:45				
11:00				
11:15				
11:30				
11:45				
12:00				
12:15				
12:30				
12:45				

M T W R F S Su

_____/_____ (Date)

	Party Size	Name	Phone	Notes
5:00				
5:15				
5:30				
5:45				
6:00				
6:15				
6:30				
6:45				
7:00				
7:15				
7:30				
7:45				
8:00				
8:15				
8:30				
8:45				
9:00				
9:15				
9:30				
9:45				
10:00				
10:15				
10:30				
10:45				
11:00				
11:15				
11:30				
11:45				
12:00				
12:15				
12:30				
12:45				

M T W R F S Su

_____/_____ (Date)

	Party Size	Name	Phone	Notes
5:00				
5:15				
5:30				
5:45				
6:00				
6:15				
6:30				
6:45				
7:00				
7:15				
7:30				
7:45				
8:00				
8:15				
8:30				
8:45				
9:00				
9:15				
9:30				
9:45				
10:00				
10:15				
10:30				
10:45				
11:00				
11:15				
11:30				
11:45				
12:00				
12:15				
12:30				
12:45				

M T W R F S Su

_____/_____ (Date)

	Party Size	Name	Phone	Notes
5:00				
5:15				
5:30				
5:45				
6:00				
6:15				
6:30				
6:45				
7:00				
7:15				
7:30				
7:45				
8:00				
8:15				
8:30				
8:45				
9:00				
9:15				
9:30				
9:45				
10:00				
10:15				
10:30				
10:45				
11:00				
11:15				
11:30				
11:45				
12:00				
12:15				
12:30				
12:45				

M T W R F S Su

_____/_____ (Date)

	Party Size	Name	Phone	Notes
5:00				
5:15				
5:30				
5:45				
6:00				
6:15				
6:30				
6:45				
7:00				
7:15				
7:30				
7:45				
8:00				
8:15				
8:30				
8:45				
9:00				
9:15				
9:30				
9:45				
10:00				
10:15				
10:30				
10:45				
11:00				
11:15				
11:30				
11:45				
12:00				
12:15				
12:30				
12:45				

M T W R F S Su

_____/_____ (Date)

	Party Size	Name	Phone	Notes
5:00				
5:15				
5:30				
5:45				
6:00				
6:15				
6:30				
6:45				
7:00				
7:15				
7:30				
7:45				
8:00				
8:15				
8:30				
8:45				
9:00				
9:15				
9:30				
9:45				
10:00				
10:15				
10:30				
10:45				
11:00				
11:15				
11:30				
11:45				
12:00				
12:15				
12:30				
12:45				

M T W R F S Su

_____/_____ (Date)

	Party Size	Name	Phone	Notes
5:00				
5:15				
5:30				
5:45				
6:00				
6:15				
6:30				
6:45				
7:00				
7:15				
7:30				
7:45				
8:00				
8:15				
8:30				
8:45				
9:00				
9:15				
9:30				
9:45				
10:00				
10:15				
10:30				
10:45				
11:00				
11:15				
11:30				
11:45				
12:00				
12:15				
12:30				
12:45				

M T W R F S Su

_____/_____ (Date)

	Party Size	Name	Phone	Notes
5:00				
5:15				
5:30				
5:45				
6:00				
6:15				
6:30				
6:45				
7:00				
7:15				
7:30				
7:45				
8:00				
8:15				
8:30				
8:45				
9:00				
9:15				
9:30				
9:45				
10:00				
10:15				
10:30				
10:45				
11:00				
11:15				
11:30				
11:45				
12:00				
12:15				
12:30				
12:45				

M T W R F S Su

_____ / _____ (Date)

	Party Size	Name	Phone	Notes
5:00				
5:15				
5:30				
5:45				
6:00				
6:15				
6:30				
6:45				
7:00				
7:15				
7:30				
7:45				
8:00				
8:15				
8:30				
8:45				
9:00				
9:15				
9:30				
9:45				
10:00				
10:15				
10:30				
10:45				
11:00				
11:15				
11:30				
11:45				
12:00				
12:15				
12:30				
12:45				

M T W R F S Su

_____/_____ (Date)

	Party Size	Name	Phone	Notes
5:00				
5:15				
5:30				
5:45				
6:00				
6:15				
6:30				
6:45				
7:00				
7:15				
7:30				
7:45				
8:00				
8:15				
8:30				
8:45				
9:00				
9:15				
9:30				
9:45				
10:00				
10:15				
10:30				
10:45				
11:00				
11:15				
11:30				
11:45				
12:00				
12:15				
12:30				
12:45				

M T W R F S Su

_____ / _____ (Date)

	Party Size	Name	Phone	Notes
5:00				
5:15				
5:30				
5:45				
6:00				
6:15				
6:30				
6:45				
7:00				
7:15				
7:30				
7:45				
8:00				
8:15				
8:30				
8:45				
9:00				
9:15				
9:30				
9:45				
10:00				
10:15				
10:30				
10:45				
11:00				
11:15				
11:30				
11:45				
12:00				
12:15				
12:30				
12:45				

M T W R F S Su

_____/_____ (Date)

	Party Size	Name	Phone	Notes
5:00				
5:15				
5:30				
5:45				
6:00				
6:15				
6:30				
6:45				
7:00				
7:15				
7:30				
7:45				
8:00				
8:15				
8:30				
8:45				
9:00				
9:15				
9:30				
9:45				
10:00				
10:15				
10:30				
10:45				
11:00				
11:15				
11:30				
11:45				
12:00				
12:15				
12:30				
12:45				

M T W R F S Su

_____/_____ (Date)

	Party Size	Name	Phone	Notes
5:00				
5:15				
5:30				
5:45				
6:00				
6:15				
6:30				
6:45				
7:00				
7:15				
7:30				
7:45				
8:00				
8:15				
8:30				
8:45				
9:00				
9:15				
9:30				
9:45				
10:00				
10:15				
10:30				
10:45				
11:00				
11:15				
11:30				
11:45				
12:00				
12:15				
12:30				
12:45				

M T W R F S Su

_____/_____ (Date)

	Party Size	Name	Phone	Notes
5:00				
5:15				
5:30				
5:45				
6:00				
6:15				
6:30				
6:45				
7:00				
7:15				
7:30				
7:45				
8:00				
8:15				
8:30				
8:45				
9:00				
9:15				
9:30				
9:45				
10:00				
10:15				
10:30				
10:45				
11:00				
11:15				
11:30				
11:45				
12:00				
12:15				
12:30				
12:45				

M T W R F S Su

_____/_____(Date)

	Party Size	Name	Phone	Notes
5:00				
5:15				
5:30				
5:45				
6:00				
6:15				
6:30				
6:45				
7:00				
7:15				
7:30				
7:45				
8:00				
8:15				
8:30				
8:45				
9:00				
9:15				
9:30				
9:45				
10:00				
10:15				
10:30				
10:45				
11:00				
11:15				
11:30				
11:45				
12:00				
12:15				
12:30				
12:45				

M T W R F S Su

_____/_____ (Date)

	Party Size	Name	Phone	Notes
5:00				
5:15				
5:30				
5:45				
6:00				
6:15				
6:30				
6:45				
7:00				
7:15				
7:30				
7:45				
8:00				
8:15				
8:30				
8:45				
9:00				
9:15				
9:30				
9:45				
10:00				
10:15				
10:30				
10:45				
11:00				
11:15				
11:30				
11:45				
12:00				
12:15				
12:30				
12:45				

M T W R F S Su

_____/_____ (Date)

	Party Size	Name	Phone	Notes
5:00				
5:15				
5:30				
5:45				
6:00				
6:15				
6:30				
6:45				
7:00				
7:15				
7:30				
7:45				
8:00				
8:15				
8:30				
8:45				
9:00				
9:15				
9:30				
9:45				
10:00				
10:15				
10:30				
10:45				
11:00				
11:15				
11:30				
11:45				
12:00				
12:15				
12:30				
12:45				

M T W R F S Su

_____/_____ (Date)

	Party Size	Name	Phone	Notes
5:00				
5:15				
5:30				
5:45				
6:00				
6:15				
6:30				
6:45				
7:00				
7:15				
7:30				
7:45				
8:00				
8:15				
8:30				
8:45				
9:00				
9:15				
9:30				
9:45				
10:00				
10:15				
10:30				
10:45				
11:00				
11:15				
11:30				
11:45				
12:00				
12:15				
12:30				
12:45				

M T W R F S Su

_____/_____ (Date)

	Party Size	Name	Phone	Notes
5:00				
5:15				
5:30				
5:45				
6:00				
6:15				
6:30				
6:45				
7:00				
7:15				
7:30				
7:45				
8:00				
8:15				
8:30				
8:45				
9:00				
9:15				
9:30				
9:45				
10:00				
10:15				
10:30				
10:45				
11:00				
11:15				
11:30				
11:45				
12:00				
12:15				
12:30				
12:45				

M T W R F S Su

_____/_____ (Date)

	Party Size	Name	Phone	Notes
5:00				
5:15				
5:30				
5:45				
6:00				
6:15				
6:30				
6:45				
7:00				
7:15				
7:30				
7:45				
8:00				
8:15				
8:30				
8:45				
9:00				
9:15				
9:30				
9:45				
10:00				
10:15				
10:30				
10:45				
11:00				
11:15				
11:30				
11:45				
12:00				
12:15				
12:30				
12:45				

M T W R F S Su

_____/_____ (Date)

	Party Size	Name	Phone	Notes
5:00				
5:15				
5:30				
5:45				
6:00				
6:15				
6:30				
6:45				
7:00				
7:15				
7:30				
7:45				
8:00				
8:15				
8:30				
8:45				
9:00				
9:15				
9:30				
9:45				
10:00				
10:15				
10:30				
10:45				
11:00				
11:15				
11:30				
11:45				
12:00				
12:15				
12:30				
12:45				

M T W R F S Su

_____/_____ (Date)

	Party Size	Name	Phone	Notes
5:00				
5:15				
5:30				
5:45				
6:00				
6:15				
6:30				
6:45				
7:00				
7:15				
7:30				
7:45				
8:00				
8:15				
8:30				
8:45				
9:00				
9:15				
9:30				
9:45				
10:00				
10:15				
10:30				
10:45				
11:00				
11:15				
11:30				
11:45				
12:00				
12:15				
12:30				
12:45				

M T W R F S Su

_____/_____ (Date)

	Party Size	Name	Phone	Notes
5:00				
5:15				
5:30				
5:45				
6:00				
6:15				
6:30				
6:45				
7:00				
7:15				
7:30				
7:45				
8:00				
8:15				
8:30				
8:45				
9:00				
9:15				
9:30				
9:45				
10:00				
10:15				
10:30				
10:45				
11:00				
11:15				
11:30				
11:45				
12:00				
12:15				
12:30				
12:45				

M T W R F S Su

_____ / _____ (Date)

	Party Size	Name	Phone	Notes
5:00				
5:15				
5:30				
5:45				
6:00				
6:15				
6:30				
6:45				
7:00				
7:15				
7:30				
7:45				
8:00				
8:15				
8:30				
8:45				
9:00				
9:15				
9:30				
9:45				
10:00				
10:15				
10:30				
10:45				
11:00				
11:15				
11:30				
11:45				
12:00				
12:15				
12:30				
12:45				

M T W R F S Su

_____/_____ (Date)

	Party Size	Name	Phone	Notes
5:00				
5:15				
5:30				
5:45				
6:00				
6:15				
6:30				
6:45				
7:00				
7:15				
7:30				
7:45				
8:00				
8:15				
8:30				
8:45				
9:00				
9:15				
9:30				
9:45				
10:00				
10:15				
10:30				
10:45				
11:00				
11:15				
11:30				
11:45				
12:00				
12:15				
12:30				
12:45				

M T W R F S Su

_____ / _____ (Date)

	Party Size	Name	Phone	Notes
5:00				
5:15				
5:30				
5:45				
6:00				
6:15				
6:30				
6:45				
7:00				
7:15				
7:30				
7:45				
8:00				
8:15				
8:30				
8:45				
9:00				
9:15				
9:30				
9:45				
10:00				
10:15				
10:30				
10:45				
11:00				
11:15				
11:30				
11:45				
12:00				
12:15				
12:30				
12:45				

M T W R F S Su

_____/_____ (Date)

	Party Size	Name	Phone	Notes
5:00				
5:15				
5:30				
5:45				
6:00				
6:15				
6:30				
6:45				
7:00				
7:15				
7:30				
7:45				
8:00				
8:15				
8:30				
8:45				
9:00				
9:15				
9:30				
9:45				
10:00				
10:15				
10:30				
10:45				
11:00				
11:15				
11:30				
11:45				
12:00				
12:15				
12:30				
12:45				

M T W R F S Su

_____/_____ (Date)

	Party Size	Name	Phone	Notes
5:00				
5:15				
5:30				
5:45				
6:00				
6:15				
6:30				
6:45				
7:00				
7:15				
7:30				
7:45				
8:00				
8:15				
8:30				
8:45				
9:00				
9:15				
9:30				
9:45				
10:00				
10:15				
10:30				
10:45				
11:00				
11:15				
11:30				
11:45				
12:00				
12:15				
12:30				
12:45				

M T W R F S Su

_____/_____ (Date)

	Party Size	Name	Phone	Notes
5:00				
5:15				
5:30				
5:45				
6:00				
6:15				
6:30				
6:45				
7:00				
7:15				
7:30				
7:45				
8:00				
8:15				
8:30				
8:45				
9:00				
9:15				
9:30				
9:45				
10:00				
10:15				
10:30				
10:45				
11:00				
11:15				
11:30				
11:45				
12:00				
12:15				
12:30				
12:45				

M T W R F S Su

_____/_____ (Date)

	Party Size	Name	Phone	Notes
5:00				
5:15				
5:30				
5:45				
6:00				
6:15				
6:30				
6:45				
7:00				
7:15				
7:30				
7:45				
8:00				
8:15				
8:30				
8:45				
9:00				
9:15				
9:30				
9:45				
10:00				
10:15				
10:30				
10:45				
11:00				
11:15				
11:30				
11:45				
12:00				
12:15				
12:30				
12:45				

M T W R F S Su

_____/_____ (Date)

	Party Size	Name	Phone	Notes
5:00				
5:15				
5:30				
5:45				
6:00				
6:15				
6:30				
6:45				
7:00				
7:15				
7:30				
7:45				
8:00				
8:15				
8:30				
8:45				
9:00				
9:15				
9:30				
9:45				
10:00				
10:15				
10:30				
10:45				
11:00				
11:15				
11:30				
11:45				
12:00				
12:15				
12:30				
12:45				

M T W R F S Su

_____/_____ (Date)

	Party Size	Name	Phone	Notes
5:00				
5:15				
5:30				
5:45				
6:00				
6:15				
6:30				
6:45				
7:00				
7:15				
7:30				
7:45				
8:00				
8:15				
8:30				
8:45				
9:00				
9:15				
9:30				
9:45				
10:00				
10:15				
10:30				
10:45				
11:00				
11:15				
11:30				
11:45				
12:00				
12:15				
12:30				
12:45				

M T W R F S Su

_____/_____ (Date)

	Party Size	Name	Phone	Notes
5:00				
5:15				
5:30				
5:45				
6:00				
6:15				
6:30				
6:45				
7:00				
7:15				
7:30				
7:45				
8:00				
8:15				
8:30				
8:45				
9:00				
9:15				
9:30				
9:45				
10:00				
10:15				
10:30				
10:45				
11:00				
11:15				
11:30				
11:45				
12:00				
12:15				
12:30				
12:45				

M T W R F S Su

_____ / _____ (Date)

	Party Size	Name	Phone	Notes
5:00				
5:15				
5:30				
5:45				
6:00				
6:15				
6:30				
6:45				
7:00				
7:15				
7:30				
7:45				
8:00				
8:15				
8:30				
8:45				
9:00				
9:15				
9:30				
9:45				
10:00				
10:15				
10:30				
10:45				
11:00				
11:15				
11:30				
11:45				
12:00				
12:15				
12:30				
12:45				

M T W R F S Su

_____ / _____ (Date)

	Party Size	Name	Phone	Notes
5:00				
5:15				
5:30				
5:45				
6:00				
6:15				
6:30				
6:45				
7:00				
7:15				
7:30				
7:45				
8:00				
8:15				
8:30				
8:45				
9:00				
9:15				
9:30				
9:45				
10:00				
10:15				
10:30				
10:45				
11:00				
11:15				
11:30				
11:45				
12:00				
12:15				
12:30				
12:45				

M T W R F S Su

_____/_____ (Date)

	Party Size	Name	Phone	Notes
5:00				
5:15				
5:30				
5:45				
6:00				
6:15				
6:30				
6:45				
7:00				
7:15				
7:30				
7:45				
8:00				
8:15				
8:30				
8:45				
9:00				
9:15				
9:30				
9:45				
10:00				
10:15				
10:30				
10:45				
11:00				
11:15				
11:30				
11:45				
12:00				
12:15				
12:30				
12:45				

M T W R F S Su

_____ / _____ (Date)

	Party Size	Name	Phone	Notes
5:00				
5:15				
5:30				
5:45				
6:00				
6:15				
6:30				
6:45				
7:00				
7:15				
7:30				
7:45				
8:00				
8:15				
8:30				
8:45				
9:00				
9:15				
9:30				
9:45				
10:00				
10:15				
10:30				
10:45				
11:00				
11:15				
11:30				
11:45				
12:00				
12:15				
12:30				
12:45				

M T W R F S Su

_____/_____ (Date)

	Party Size	Name	Phone	Notes
5:00				
5:15				
5:30				
5:45				
6:00				
6:15				
6:30				
6:45				
7:00				
7:15				
7:30				
7:45				
8:00				
8:15				
8:30				
8:45				
9:00				
9:15				
9:30				
9:45				
10:00				
10:15				
10:30				
10:45				
11:00				
11:15				
11:30				
11:45				
12:00				
12:15				
12:30				
12:45				

M T W R F S Su

_____ / _____ (Date)

	Party Size	Name	Phone	Notes
5:00				
5:15				
5:30				
5:45				
6:00				
6:15				
6:30				
6:45				
7:00				
7:15				
7:30				
7:45				
8:00				
8:15				
8:30				
8:45				
9:00				
9:15				
9:30				
9:45				
10:00				
10:15				
10:30				
10:45				
11:00				
11:15				
11:30				
11:45				
12:00				
12:15				
12:30				
12:45				

M T W R F S Su

_____/_____ (Date)

	Party Size	Name	Phone	Notes
5:00				
5:15				
5:30				
5:45				
6:00				
6:15				
6:30				
6:45				
7:00				
7:15				
7:30				
7:45				
8:00				
8:15				
8:30				
8:45				
9:00				
9:15				
9:30				
9:45				
10:00				
10:15				
10:30				
10:45				
11:00				
11:15				
11:30				
11:45				
12:00				
12:15				
12:30				
12:45				

M T W R F S Su

_____/_____ (Date)

	Party Size	Name	Phone	Notes
5:00				
5:15				
5:30				
5:45				
6:00				
6:15				
6:30				
6:45				
7:00				
7:15				
7:30				
7:45				
8:00				
8:15				
8:30				
8:45				
9:00				
9:15				
9:30				
9:45				
10:00				
10:15				
10:30				
10:45				
11:00				
11:15				
11:30				
11:45				
12:00				
12:15				
12:30				
12:45				

M T W R F S Su

_____/_____ (Date)

	Party Size	Name	Phone	Notes
5:00				
5:15				
5:30				
5:45				
6:00				
6:15				
6:30				
6:45				
7:00				
7:15				
7:30				
7:45				
8:00				
8:15				
8:30				
8:45				
9:00				
9:15				
9:30				
9:45				
10:00				
10:15				
10:30				
10:45				
11:00				
11:15				
11:30				
11:45				
12:00				
12:15				
12:30				
12:45				

M T W R F S Su

_____/_____ (Date)

	Party Size	Name	Phone	Notes
5:00				
5:15				
5:30				
5:45				
6:00				
6:15				
6:30				
6:45				
7:00				
7:15				
7:30				
7:45				
8:00				
8:15				
8:30				
8:45				
9:00				
9:15				
9:30				
9:45				
10:00				
10:15				
10:30				
10:45				
11:00				
11:15				
11:30				
11:45				
12:00				
12:15				
12:30				
12:45				

M T W R F S Su

_____ / _____ (Date)

	Party Size	Name	Phone	Notes
5:00				
5:15				
5:30				
5:45				
6:00				
6:15				
6:30				
6:45				
7:00				
7:15				
7:30				
7:45				
8:00				
8:15				
8:30				
8:45				
9:00				
9:15				
9:30				
9:45				
10:00				
10:15				
10:30				
10:45				
11:00				
11:15				
11:30				
11:45				
12:00				
12:15				
12:30				
12:45				

M T W R F S Su

_____ / _____ (Date)

	Party Size	Name	Phone	Notes
5:00				
5:15				
5:30				
5:45				
6:00				
6:15				
6:30				
6:45				
7:00				
7:15				
7:30				
7:45				
8:00				
8:15				
8:30				
8:45				
9:00				
9:15				
9:30				
9:45				
10:00				
10:15				
10:30				
10:45				
11:00				
11:15				
11:30				
11:45				
12:00				
12:15				
12:30				
12:45				

M T W R F S Su

_____/_____ (Date)

	Party Size	Name	Phone	Notes
5:00				
5:15				
5:30				
5:45				
6:00				
6:15				
6:30				
6:45				
7:00				
7:15				
7:30				
7:45				
8:00				
8:15				
8:30				
8:45				
9:00				
9:15				
9:30				
9:45				
10:00				
10:15				
10:30				
10:45				
11:00				
11:15				
11:30				
11:45				
12:00				
12:15				
12:30				
12:45				

M T W R F S Su

_____/_____ (Date)

	Party Size	Name	Phone	Notes
5:00				
5:15				
5:30				
5:45				
6:00				
6:15				
6:30				
6:45				
7:00				
7:15				
7:30				
7:45				
8:00				
8:15				
8:30				
8:45				
9:00				
9:15				
9:30				
9:45				
10:00				
10:15				
10:30				
10:45				
11:00				
11:15				
11:30				
11:45				
12:00				
12:15				
12:30				
12:45				

M T W R F S Su

_____/_____ (Date)

	Party Size	Name	Phone	Notes
5:00				
5:15				
5:30				
5:45				
6:00				
6:15				
6:30				
6:45				
7:00				
7:15				
7:30				
7:45				
8:00				
8:15				
8:30				
8:45				
9:00				
9:15				
9:30				
9:45				
10:00				
10:15				
10:30				
10:45				
11:00				
11:15				
11:30				
11:45				
12:00				
12:15				
12:30				
12:45				

M T W R F S Su

_____/_____ (Date)

	Party Size	Name	Phone	Notes
5:00				
5:15				
5:30				
5:45				
6:00				
6:15				
6:30				
6:45				
7:00				
7:15				
7:30				
7:45				
8:00				
8:15				
8:30				
8:45				
9:00				
9:15				
9:30				
9:45				
10:00				
10:15				
10:30				
10:45				
11:00				
11:15				
11:30				
11:45				
12:00				
12:15				
12:30				
12:45				

M T W R F S Su

_____ / _____ (Date)

	Party Size	Name	Phone	Notes
5:00				
5:15				
5:30				
5:45				
6:00				
6:15				
6:30				
6:45				
7:00				
7:15				
7:30				
7:45				
8:00				
8:15				
8:30				
8:45				
9:00				
9:15				
9:30				
9:45				
10:00				
10:15				
10:30				
10:45				
11:00				
11:15				
11:30				
11:45				
12:00				
12:15				
12:30				
12:45				

M T W R F S Su

_____/_____ (Date)

	Party Size	Name	Phone	Notes
5:00				
5:15				
5:30				
5:45				
6:00				
6:15				
6:30				
6:45				
7:00				
7:15				
7:30				
7:45				
8:00				
8:15				
8:30				
8:45				
9:00				
9:15				
9:30				
9:45				
10:00				
10:15				
10:30				
10:45				
11:00				
11:15				
11:30				
11:45				
12:00				
12:15				
12:30				
12:45				

M T W R F S Su

_____/_____ (Date)

	Party Size	Name	Phone	Notes
5:00				
5:15				
5:30				
5:45				
6:00				
6:15				
6:30				
6:45				
7:00				
7:15				
7:30				
7:45				
8:00				
8:15				
8:30				
8:45				
9:00				
9:15				
9:30				
9:45				
10:00				
10:15				
10:30				
10:45				
11:00				
11:15				
11:30				
11:45				
12:00				
12:15				
12:30				
12:45				

M T W R F S Su

_____/_____ (Date)

	Party Size	Name	Phone	Notes
5:00				
5:15				
5:30				
5:45				
6:00				
6:15				
6:30				
6:45				
7:00				
7:15				
7:30				
7:45				
8:00				
8:15				
8:30				
8:45				
9:00				
9:15				
9:30				
9:45				
10:00				
10:15				
10:30				
10:45				
11:00				
11:15				
11:30				
11:45				
12:00				
12:15				
12:30				
12:45				

M T W R F S Su

_____/_____ (Date)

	Party Size	Name	Phone	Notes
5:00				
5:15				
5:30				
5:45				
6:00				
6:15				
6:30				
6:45				
7:00				
7:15				
7:30				
7:45				
8:00				
8:15				
8:30				
8:45				
9:00				
9:15				
9:30				
9:45				
10:00				
10:15				
10:30				
10:45				
11:00				
11:15				
11:30				
11:45				
12:00				
12:15				
12:30				
12:45				

M T W R F S Su

_____/_____ (Date)

	Party Size	Name	Phone	Notes
5:00				
5:15				
5:30				
5:45				
6:00				
6:15				
6:30				
6:45				
7:00				
7:15				
7:30				
7:45				
8:00				
8:15				
8:30				
8:45				
9:00				
9:15				
9:30				
9:45				
10:00				
10:15				
10:30				
10:45				
11:00				
11:15				
11:30				
11:45				
12:00				
12:15				
12:30				
12:45				

M T W R F S Su

_____/_____ (Date)

	Party Size	Name	Phone	Notes
5:00				
5:15				
5:30				
5:45				
6:00				
6:15				
6:30				
6:45				
7:00				
7:15				
7:30				
7:45				
8:00				
8:15				
8:30				
8:45				
9:00				
9:15				
9:30				
9:45				
10:00				
10:15				
10:30				
10:45				
11:00				
11:15				
11:30				
11:45				
12:00				
12:15				
12:30				
12:45				

M T W R F S Su

_____/_____ (Date)

	Party Size	Name	Phone	Notes
5:00				
5:15				
5:30				
5:45				
6:00				
6:15				
6:30				
6:45				
7:00				
7:15				
7:30				
7:45				
8:00				
8:15				
8:30				
8:45				
9:00				
9:15				
9:30				
9:45				
10:00				
10:15				
10:30				
10:45				
11:00				
11:15				
11:30				
11:45				
12:00				
12:15				
12:30				
12:45				

M T W R F S Su

_____/_____ (Date)

	Party Size	Name	Phone	Notes
5:00				
5:15				
5:30				
5:45				
6:00				
6:15				
6:30				
6:45				
7:00				
7:15				
7:30				
7:45				
8:00				
8:15				
8:30				
8:45				
9:00				
9:15				
9:30				
9:45				
10:00				
10:15				
10:30				
10:45				
11:00				
11:15				
11:30				
11:45				
12:00				
12:15				
12:30				
12:45				

M T W R F S Su

_____/_____ (Date)

	Party Size	Name	Phone	Notes
5:00				
5:15				
5:30				
5:45				
6:00				
6:15				
6:30				
6:45				
7:00				
7:15				
7:30				
7:45				
8:00				
8:15				
8:30				
8:45				
9:00				
9:15				
9:30				
9:45				
10:00				
10:15				
10:30				
10:45				
11:00				
11:15				
11:30				
11:45				
12:00				
12:15				
12:30				
12:45				

M T W R F S Su

_____/_____ (Date)

	Party Size	Name	Phone	Notes
5:00				
5:15				
5:30				
5:45				
6:00				
6:15				
6:30				
6:45				
7:00				
7:15				
7:30				
7:45				
8:00				
8:15				
8:30				
8:45				
9:00				
9:15				
9:30				
9:45				
10:00				
10:15				
10:30				
10:45				
11:00				
11:15				
11:30				
11:45				
12:00				
12:15				
12:30				
12:45				

M T W R F S Su

_____/_____ (Date)

	Party Size	Name	Phone	Notes
5:00				
5:15				
5:30				
5:45				
6:00				
6:15				
6:30				
6:45				
7:00				
7:15				
7:30				
7:45				
8:00				
8:15				
8:30				
8:45				
9:00				
9:15				
9:30				
9:45				
10:00				
10:15				
10:30				
10:45				
11:00				
11:15				
11:30				
11:45				
12:00				
12:15				
12:30				
12:45				

M T W R F S Su

_____ / _____ (Date)

	Party Size	Name	Phone	Notes
5:00				
5:15				
5:30				
5:45				
6:00				
6:15				
6:30				
6:45				
7:00				
7:15				
7:30				
7:45				
8:00				
8:15				
8:30				
8:45				
9:00				
9:15				
9:30				
9:45				
10:00				
10:15				
10:30				
10:45				
11:00				
11:15				
11:30				
11:45				
12:00				
12:15				
12:30				
12:45				

M T W R F S Su

_____/_____ (Date)

	Party Size	Name	Phone	Notes
5:00				
5:15				
5:30				
5:45				
6:00				
6:15				
6:30				
6:45				
7:00				
7:15				
7:30				
7:45				
8:00				
8:15				
8:30				
8:45				
9:00				
9:15				
9:30				
9:45				
10:00				
10:15				
10:30				
10:45				
11:00				
11:15				
11:30				
11:45				
12:00				
12:15				
12:30				
12:45				

M T W R F S Su

_____/_____ (Date)

	Party Size	Name	Phone	Notes
5:00				
5:15				
5:30				
5:45				
6:00				
6:15				
6:30				
6:45				
7:00				
7:15				
7:30				
7:45				
8:00				
8:15				
8:30				
8:45				
9:00				
9:15				
9:30				
9:45				
10:00				
10:15				
10:30				
10:45				
11:00				
11:15				
11:30				
11:45				
12:00				
12:15				
12:30				
12:45				

M T W R F S Su

_____/_____ (Date)

	Party Size	Name	Phone	Notes
5:00				
5:15				
5:30				
5:45				
6:00				
6:15				
6:30				
6:45				
7:00				
7:15				
7:30				
7:45				
8:00				
8:15				
8:30				
8:45				
9:00				
9:15				
9:30				
9:45				
10:00				
10:15				
10:30				
10:45				
11:00				
11:15				
11:30				
11:45				
12:00				
12:15				
12:30				
12:45				

M T W R F S Su

_____/_____ (Date)

	Party Size	Name	Phone	Notes
5:00				
5:15				
5:30				
5:45				
6:00				
6:15				
6:30				
6:45				
7:00				
7:15				
7:30				
7:45				
8:00				
8:15				
8:30				
8:45				
9:00				
9:15				
9:30				
9:45				
10:00				
10:15				
10:30				
10:45				
11:00				
11:15				
11:30				
11:45				
12:00				
12:15				
12:30				
12:45				

M T W R F S Su

_____/_____ (Date)

	Party Size	Name	Phone	Notes
5:00				
5:15				
5:30				
5:45				
6:00				
6:15				
6:30				
6:45				
7:00				
7:15				
7:30				
7:45				
8:00				
8:15				
8:30				
8:45				
9:00				
9:15				
9:30				
9:45				
10:00				
10:15				
10:30				
10:45				
11:00				
11:15				
11:30				
11:45				
12:00				
12:15				
12:30				
12:45				

M T W R F S Su

_____/_____ (Date)

	Party Size	Name	Phone	Notes
5:00				
5:15				
5:30				
5:45				
6:00				
6:15				
6:30				
6:45				
7:00				
7:15				
7:30				
7:45				
8:00				
8:15				
8:30				
8:45				
9:00				
9:15				
9:30				
9:45				
10:00				
10:15				
10:30				
10:45				
11:00				
11:15				
11:30				
11:45				
12:00				
12:15				
12:30				
12:45				

M T W R F S Su

_____/_____ (Date)

	Party Size	Name	Phone	Notes
5:00				
5:15				
5:30				
5:45				
6:00				
6:15				
6:30				
6:45				
7:00				
7:15				
7:30				
7:45				
8:00				
8:15				
8:30				
8:45				
9:00				
9:15				
9:30				
9:45				
10:00				
10:15				
10:30				
10:45				
11:00				
11:15				
11:30				
11:45				
12:00				
12:15				
12:30				
12:45				

M T W R F S Su

_____/_____ (Date)

	Party Size	Name	Phone	Notes
5:00				
5:15				
5:30				
5:45				
6:00				
6:15				
6:30				
6:45				
7:00				
7:15				
7:30				
7:45				
8:00				
8:15				
8:30				
8:45				
9:00				
9:15				
9:30				
9:45				
10:00				
10:15				
10:30				
10:45				
11:00				
11:15				
11:30				
11:45				
12:00				
12:15				
12:30				
12:45				

M T W R F S Su

_____/_____ (Date)

	Party Size	Name	Phone	Notes
5:00				
5:15				
5:30				
5:45				
6:00				
6:15				
6:30				
6:45				
7:00				
7:15				
7:30				
7:45				
8:00				
8:15				
8:30				
8:45				
9:00				
9:15				
9:30				
9:45				
10:00				
10:15				
10:30				
10:45				
11:00				
11:15				
11:30				
11:45				
12:00				
12:15				
12:30				
12:45				

M T W R F S Su

_____ / _____ (Date)

	Party Size	Name	Phone	Notes
5:00				
5:15				
5:30				
5:45				
6:00				
6:15				
6:30				
6:45				
7:00				
7:15				
7:30				
7:45				
8:00				
8:15				
8:30				
8:45				
9:00				
9:15				
9:30				
9:45				
10:00				
10:15				
10:30				
10:45				
11:00				
11:15				
11:30				
11:45				
12:00				
12:15				
12:30				
12:45				

M T W R F S Su

_____/_____ (Date)

	Party Size	Name	Phone	Notes
5:00				
5:15				
5:30				
5:45				
6:00				
6:15				
6:30				
6:45				
7:00				
7:15				
7:30				
7:45				
8:00				
8:15				
8:30				
8:45				
9:00				
9:15				
9:30				
9:45				
10:00				
10:15				
10:30				
10:45				
11:00				
11:15				
11:30				
11:45				
12:00				
12:15				
12:30				
12:45				

M T W R F S Su

_____/_____ (Date)

	Party Size	Name	Phone	Notes
5:00				
5:15				
5:30				
5:45				
6:00				
6:15				
6:30				
6:45				
7:00				
7:15				
7:30				
7:45				
8:00				
8:15				
8:30				
8:45				
9:00				
9:15				
9:30				
9:45				
10:00				
10:15				
10:30				
10:45				
11:00				
11:15				
11:30				
11:45				
12:00				
12:15				
12:30				
12:45				

M T W R F S Su

_____ / _____ (Date)

	Party Size	Name	Phone	Notes
5:00				
5:15				
5:30				
5:45				
6:00				
6:15				
6:30				
6:45				
7:00				
7:15				
7:30				
7:45				
8:00				
8:15				
8:30				
8:45				
9:00				
9:15				
9:30				
9:45				
10:00				
10:15				
10:30				
10:45				
11:00				
11:15				
11:30				
11:45				
12:00				
12:15				
12:30				
12:45				

M T W R F S Su

_____/_____ (Date)

	Party Size	Name	Phone	Notes
5:00				
5:15				
5:30				
5:45				
6:00				
6:15				
6:30				
6:45				
7:00				
7:15				
7:30				
7:45				
8:00				
8:15				
8:30				
8:45				
9:00				
9:15				
9:30				
9:45				
10:00				
10:15				
10:30				
10:45				
11:00				
11:15				
11:30				
11:45				
12:00				
12:15				
12:30				
12:45				

M T W R F S Su

_____/_____ (Date)

	Party Size	Name	Phone	Notes
5:00				
5:15				
5:30				
5:45				
6:00				
6:15				
6:30				
6:45				
7:00				
7:15				
7:30				
7:45				
8:00				
8:15				
8:30				
8:45				
9:00				
9:15				
9:30				
9:45				
10:00				
10:15				
10:30				
10:45				
11:00				
11:15				
11:30				
11:45				
12:00				
12:15				
12:30				
12:45				

M T W R F S Su

_____/_____ (Date)

	Party Size	Name	Phone	Notes
5:00				
5:15				
5:30				
5:45				
6:00				
6:15				
6:30				
6:45				
7:00				
7:15				
7:30				
7:45				
8:00				
8:15				
8:30				
8:45				
9:00				
9:15				
9:30				
9:45				
10:00				
10:15				
10:30				
10:45				
11:00				
11:15				
11:30				
11:45				
12:00				
12:15				
12:30				
12:45				

M T W R F S Su

_____/_____ (Date)

	Party Size	Name	Phone	Notes
5:00				
5:15				
5:30				
5:45				
6:00				
6:15				
6:30				
6:45				
7:00				
7:15				
7:30				
7:45				
8:00				
8:15				
8:30				
8:45				
9:00				
9:15				
9:30				
9:45				
10:00				
10:15				
10:30				
10:45				
11:00				
11:15				
11:30				
11:45				
12:00				
12:15				
12:30				
12:45				

M T W R F S Su

_____/_____ (Date)

	Party Size	Name	Phone	Notes
5:00				
5:15				
5:30				
5:45				
6:00				
6:15				
6:30				
6:45				
7:00				
7:15				
7:30				
7:45				
8:00				
8:15				
8:30				
8:45				
9:00				
9:15				
9:30				
9:45				
10:00				
10:15				
10:30				
10:45				
11:00				
11:15				
11:30				
11:45				
12:00				
12:15				
12:30				
12:45				

M T W R F S Su

_____/_____ (Date)

	Party Size	Name	Phone	Notes
5:00				
5:15				
5:30				
5:45				
6:00				
6:15				
6:30				
6:45				
7:00				
7:15				
7:30				
7:45				
8:00				
8:15				
8:30				
8:45				
9:00				
9:15				
9:30				
9:45				
10:00				
10:15				
10:30				
10:45				
11:00				
11:15				
11:30				
11:45				
12:00				
12:15				
12:30				
12:45				

M T W R F S Su

_____/_____ (Date)

	Party Size	Name	Phone	Notes
5:00				
5:15				
5:30				
5:45				
6:00				
6:15				
6:30				
6:45				
7:00				
7:15				
7:30				
7:45				
8:00				
8:15				
8:30				
8:45				
9:00				
9:15				
9:30				
9:45				
10:00				
10:15				
10:30				
10:45				
11:00				
11:15				
11:30				
11:45				
12:00				
12:15				
12:30				
12:45				

M T W R F S Su

_____/_____ (Date)

Time	Party Size	Name	Phone	Notes
5:00				
5:15				
5:30				
5:45				
6:00				
6:15				
6:30				
6:45				
7:00				
7:15				
7:30				
7:45				
8:00				
8:15				
8:30				
8:45				
9:00				
9:15				
9:30				
9:45				
10:00				
10:15				
10:30				
10:45				
11:00				
11:15				
11:30				
11:45				
12:00				
12:15				
12:30				
12:45				

M T W R F S Su

_____ / _____ (Date)

	Party Size	Name	Phone	Notes
5:00				
5:15				
5:30				
5:45				
6:00				
6:15				
6:30				
6:45				
7:00				
7:15				
7:30				
7:45				
8:00				
8:15				
8:30				
8:45				
9:00				
9:15				
9:30				
9:45				
10:00				
10:15				
10:30				
10:45				
11:00				
11:15				
11:30				
11:45				
12:00				
12:15				
12:30				
12:45				

M T W R F S Su

_____/_____ (Date)

	Party Size	Name	Phone	Notes
5:00				
5:15				
5:30				
5:45				
6:00				
6:15				
6:30				
6:45				
7:00				
7:15				
7:30				
7:45				
8:00				
8:15				
8:30				
8:45				
9:00				
9:15				
9:30				
9:45				
10:00				
10:15				
10:30				
10:45				
11:00				
11:15				
11:30				
11:45				
12:00				
12:15				
12:30				
12:45				

M T W R F S Su

_____ / _____ (Date)

	Party Size	Name	Phone	Notes
5:00				
5:15				
5:30				
5:45				
6:00				
6:15				
6:30				
6:45				
7:00				
7:15				
7:30				
7:45				
8:00				
8:15				
8:30				
8:45				
9:00				
9:15				
9:30				
9:45				
10:00				
10:15				
10:30				
10:45				
11:00				
11:15				
11:30				
11:45				
12:00				
12:15				
12:30				
12:45				

M T W R F S Su

_____/_____ (Date)

	Party Size	Name	Phone	Notes
5:00				
5:15				
5:30				
5:45				
6:00				
6:15				
6:30				
6:45				
7:00				
7:15				
7:30				
7:45				
8:00				
8:15				
8:30				
8:45				
9:00				
9:15				
9:30				
9:45				
10:00				
10:15				
10:30				
10:45				
11:00				
11:15				
11:30				
11:45				
12:00				
12:15				
12:30				
12:45				

M T W R F S Su

_____ / _____ (Date)

	Party Size	Name	Phone	Notes
5:00				
5:15				
5:30				
5:45				
6:00				
6:15				
6:30				
6:45				
7:00				
7:15				
7:30				
7:45				
8:00				
8:15				
8:30				
8:45				
9:00				
9:15				
9:30				
9:45				
10:00				
10:15				
10:30				
10:45				
11:00				
11:15				
11:30				
11:45				
12:00				
12:15				
12:30				
12:45				

M T W R F S Su

_____ / _____ (Date)

	Party Size	Name	Phone	Notes
5:00				
5:15				
5:30				
5:45				
6:00				
6:15				
6:30				
6:45				
7:00				
7:15				
7:30				
7:45				
8:00				
8:15				
8:30				
8:45				
9:00				
9:15				
9:30				
9:45				
10:00				
10:15				
10:30				
10:45				
11:00				
11:15				
11:30				
11:45				
12:00				
12:15				
12:30				
12:45				

M T W R F S Su

_____/_____ (Date)

	Party Size	Name	Phone	Notes
5:00				
5:15				
5:30				
5:45				
6:00				
6:15				
6:30				
6:45				
7:00				
7:15				
7:30				
7:45				
8:00				
8:15				
8:30				
8:45				
9:00				
9:15				
9:30				
9:45				
10:00				
10:15				
10:30				
10:45				
11:00				
11:15				
11:30				
11:45				
12:00				
12:15				
12:30				
12:45				

M T W R F S Su

_____/_____ (Date)

	Party Size	Name	Phone	Notes
5:00				
5:15				
5:30				
5:45				
6:00				
6:15				
6:30				
6:45				
7:00				
7:15				
7:30				
7:45				
8:00				
8:15				
8:30				
8:45				
9:00				
9:15				
9:30				
9:45				
10:00				
10:15				
10:30				
10:45				
11:00				
11:15				
11:30				
11:45				
12:00				
12:15				
12:30				
12:45				

M T W R F S Su

_____/_____ (Date)

	Party Size	Name	Phone	Notes
5:00				
5:15				
5:30				
5:45				
6:00				
6:15				
6:30				
6:45				
7:00				
7:15				
7:30				
7:45				
8:00				
8:15				
8:30				
8:45				
9:00				
9:15				
9:30				
9:45				
10:00				
10:15				
10:30				
10:45				
11:00				
11:15				
11:30				
11:45				
12:00				
12:15				
12:30				
12:45				

M T W R F S Su

_____/_____ (Date)

	Party Size	Name	Phone	Notes
5:00				
5:15				
5:30				
5:45				
6:00				
6:15				
6:30				
6:45				
7:00				
7:15				
7:30				
7:45				
8:00				
8:15				
8:30				
8:45				
9:00				
9:15				
9:30				
9:45				
10:00				
10:15				
10:30				
10:45				
11:00				
11:15				
11:30				
11:45				
12:00				
12:15				
12:30				
12:45				

M T W R F S Su

_____/_____ (Date)

	Party Size	Name	Phone	Notes
5:00				
5:15				
5:30				
5:45				
6:00				
6:15				
6:30				
6:45				
7:00				
7:15				
7:30				
7:45				
8:00				
8:15				
8:30				
8:45				
9:00				
9:15				
9:30				
9:45				
10:00				
10:15				
10:30				
10:45				
11:00				
11:15				
11:30				
11:45				
12:00				
12:15				
12:30				
12:45				

M T W R F S Su

_____/_____ (Date)

	Party Size	Name	Phone	Notes
5:00				
5:15				
5:30				
5:45				
6:00				
6:15				
6:30				
6:45				
7:00				
7:15				
7:30				
7:45				
8:00				
8:15				
8:30				
8:45				
9:00				
9:15				
9:30				
9:45				
10:00				
10:15				
10:30				
10:45				
11:00				
11:15				
11:30				
11:45				
12:00				
12:15				
12:30				
12:45				

M T W R F S Su

_____/_____ (Date)

	Party Size	Name	Phone	Notes
5:00				
5:15				
5:30				
5:45				
6:00				
6:15				
6:30				
6:45				
7:00				
7:15				
7:30				
7:45				
8:00				
8:15				
8:30				
8:45				
9:00				
9:15				
9:30				
9:45				
10:00				
10:15				
10:30				
10:45				
11:00				
11:15				
11:30				
11:45				
12:00				
12:15				
12:30				
12:45				

M T W R F S Su

_____/_____ (Date)

	Party Size	Name	Phone	Notes
5:00				
5:15				
5:30				
5:45				
6:00				
6:15				
6:30				
6:45				
7:00				
7:15				
7:30				
7:45				
8:00				
8:15				
8:30				
8:45				
9:00				
9:15				
9:30				
9:45				
10:00				
10:15				
10:30				
10:45				
11:00				
11:15				
11:30				
11:45				
12:00				
12:15				
12:30				
12:45				

M T W R F S Su

_____/_____ (Date)

	Party Size	Name	Phone	Notes
5:00				
5:15				
5:30				
5:45				
6:00				
6:15				
6:30				
6:45				
7:00				
7:15				
7:30				
7:45				
8:00				
8:15				
8:30				
8:45				
9:00				
9:15				
9:30				
9:45				
10:00				
10:15				
10:30				
10:45				
11:00				
11:15				
11:30				
11:45				
12:00				
12:15				
12:30				
12:45				

M T W R F S Su

_____ / _____ (Date)

	Party Size	Name	Phone	Notes
5:00				
5:15				
5:30				
5:45				
6:00				
6:15				
6:30				
6:45				
7:00				
7:15				
7:30				
7:45				
8:00				
8:15				
8:30				
8:45				
9:00				
9:15				
9:30				
9:45				
10:00				
10:15				
10:30				
10:45				
11:00				
11:15				
11:30				
11:45				
12:00				
12:15				
12:30				
12:45				

M T W R F S Su

_____/_____ (Date)

	Party Size	Name	Phone	Notes
5:00				
5:15				
5:30				
5:45				
6:00				
6:15				
6:30				
6:45				
7:00				
7:15				
7:30				
7:45				
8:00				
8:15				
8:30				
8:45				
9:00				
9:15				
9:30				
9:45				
10:00				
10:15				
10:30				
10:45				
11:00				
11:15				
11:30				
11:45				
12:00				
12:15				
12:30				
12:45				

M T W R F S Su

_____/_____ (Date)

	Party Size	Name	Phone	Notes
5:00				
5:15				
5:30				
5:45				
6:00				
6:15				
6:30				
6:45				
7:00				
7:15				
7:30				
7:45				
8:00				
8:15				
8:30				
8:45				
9:00				
9:15				
9:30				
9:45				
10:00				
10:15				
10:30				
10:45				
11:00				
11:15				
11:30				
11:45				
12:00				
12:15				
12:30				
12:45				

M T W R F S Su

_____/_____(Date)

	Party Size	Name	Phone	Notes
5:00				
5:15				
5:30				
5:45				
6:00				
6:15				
6:30				
6:45				
7:00				
7:15				
7:30				
7:45				
8:00				
8:15				
8:30				
8:45				
9:00				
9:15				
9:30				
9:45				
10:00				
10:15				
10:30				
10:45				
11:00				
11:15				
11:30				
11:45				
12:00				
12:15				
12:30				
12:45				

M T W R F S Su

_____/_____ (Date)

	Party Size	Name	Phone	Notes
5:00				
5:15				
5:30				
5:45				
6:00				
6:15				
6:30				
6:45				
7:00				
7:15				
7:30				
7:45				
8:00				
8:15				
8:30				
8:45				
9:00				
9:15				
9:30				
9:45				
10:00				
10:15				
10:30				
10:45				
11:00				
11:15				
11:30				
11:45				
12:00				
12:15				
12:30				
12:45				

M T W R F S Su

_____/_____ (Date)

	Party Size	Name	Phone	Notes
5:00				
5:15				
5:30				
5:45				
6:00				
6:15				
6:30				
6:45				
7:00				
7:15				
7:30				
7:45				
8:00				
8:15				
8:30				
8:45				
9:00				
9:15				
9:30				
9:45				
10:00				
10:15				
10:30				
10:45				
11:00				
11:15				
11:30				
11:45				
12:00				
12:15				
12:30				
12:45				

M T W R F S Su

_____/_____ (Date)

	Party Size	Name	Phone	Notes
5:00				
5:15				
5:30				
5:45				
6:00				
6:15				
6:30				
6:45				
7:00				
7:15				
7:30				
7:45				
8:00				
8:15				
8:30				
8:45				
9:00				
9:15				
9:30				
9:45				
10:00				
10:15				
10:30				
10:45				
11:00				
11:15				
11:30				
11:45				
12:00				
12:15				
12:30				
12:45				

M T W R F S Su

_____/_____ (Date)

	Party Size	Name	Phone	Notes
5:00				
5:15				
5:30				
5:45				
6:00				
6:15				
6:30				
6:45				
7:00				
7:15				
7:30				
7:45				
8:00				
8:15				
8:30				
8:45				
9:00				
9:15				
9:30				
9:45				
10:00				
10:15				
10:30				
10:45				
11:00				
11:15				
11:30				
11:45				
12:00				
12:15				
12:30				
12:45				

M T W R F S Su

_____/_____ (Date)

	Party Size	Name	Phone	Notes
5:00				
5:15				
5:30				
5:45				
6:00				
6:15				
6:30				
6:45				
7:00				
7:15				
7:30				
7:45				
8:00				
8:15				
8:30				
8:45				
9:00				
9:15				
9:30				
9:45				
10:00				
10:15				
10:30				
10:45				
11:00				
11:15				
11:30				
11:45				
12:00				
12:15				
12:30				
12:45				

M T W R F S Su

_____/_____ (Date)

	Party Size	Name	Phone	Notes
5:00				
5:15				
5:30				
5:45				
6:00				
6:15				
6:30				
6:45				
7:00				
7:15				
7:30				
7:45				
8:00				
8:15				
8:30				
8:45				
9:00				
9:15				
9:30				
9:45				
10:00				
10:15				
10:30				
10:45				
11:00				
11:15				
11:30				
11:45				
12:00				
12:15				
12:30				
12:45				

M T W R F S Su

_____ / _____ (Date)

	Party Size	Name	Phone	Notes
5:00				
5:15				
5:30				
5:45				
6:00				
6:15				
6:30				
6:45				
7:00				
7:15				
7:30				
7:45				
8:00				
8:15				
8:30				
8:45				
9:00				
9:15				
9:30				
9:45				
10:00				
10:15				
10:30				
10:45				
11:00				
11:15				
11:30				
11:45				
12:00				
12:15				
12:30				
12:45				

M T W R F S Su

_____/_____ (Date)

	Party Size	Name	Phone	Notes
5:00				
5:15				
5:30				
5:45				
6:00				
6:15				
6:30				
6:45				
7:00				
7:15				
7:30				
7:45				
8:00				
8:15				
8:30				
8:45				
9:00				
9:15				
9:30				
9:45				
10:00				
10:15				
10:30				
10:45				
11:00				
11:15				
11:30				
11:45				
12:00				
12:15				
12:30				
12:45				

M T W R F S Su

_____/_____ (Date)

	Party Size	Name	Phone	Notes
5:00				
5:15				
5:30				
5:45				
6:00				
6:15				
6:30				
6:45				
7:00				
7:15				
7:30				
7:45				
8:00				
8:15				
8:30				
8:45				
9:00				
9:15				
9:30				
9:45				
10:00				
10:15				
10:30				
10:45				
11:00				
11:15				
11:30				
11:45				
12:00				
12:15				
12:30				
12:45				

M T W R F S Su

_____/_____ (Date)

	Party Size	Name	Phone	Notes
5:00				
5:15				
5:30				
5:45				
6:00				
6:15				
6:30				
6:45				
7:00				
7:15				
7:30				
7:45				
8:00				
8:15				
8:30				
8:45				
9:00				
9:15				
9:30				
9:45				
10:00				
10:15				
10:30				
10:45				
11:00				
11:15				
11:30				
11:45				
12:00				
12:15				
12:30				
12:45				

M T W R F S Su

_____/_____ (Date)

	Party Size	Name	Phone	Notes
5:00				
5:15				
5:30				
5:45				
6:00				
6:15				
6:30				
6:45				
7:00				
7:15				
7:30				
7:45				
8:00				
8:15				
8:30				
8:45				
9:00				
9:15				
9:30				
9:45				
10:00				
10:15				
10:30				
10:45				
11:00				
11:15				
11:30				
11:45				
12:00				
12:15				
12:30				
12:45				

M T W R F S Su

_____/_____ (Date)

	Party Size	Name	Phone	Notes
5:00				
5:15				
5:30				
5:45				
6:00				
6:15				
6:30				
6:45				
7:00				
7:15				
7:30				
7:45				
8:00				
8:15				
8:30				
8:45				
9:00				
9:15				
9:30				
9:45				
10:00				
10:15				
10:30				
10:45				
11:00				
11:15				
11:30				
11:45				
12:00				
12:15				
12:30				
12:45				

M T W R F S Su

_____/_____ (Date)

	Party Size	Name	Phone	Notes
5:00				
5:15				
5:30				
5:45				
6:00				
6:15				
6:30				
6:45				
7:00				
7:15				
7:30				
7:45				
8:00				
8:15				
8:30				
8:45				
9:00				
9:15				
9:30				
9:45				
10:00				
10:15				
10:30				
10:45				
11:00				
11:15				
11:30				
11:45				
12:00				
12:15				
12:30				
12:45				

M T W R F S Su

_____/_____ (Date)

	Party Size	Name	Phone	Notes
5:00				
5:15				
5:30				
5:45				
6:00				
6:15				
6:30				
6:45				
7:00				
7:15				
7:30				
7:45				
8:00				
8:15				
8:30				
8:45				
9:00				
9:15				
9:30				
9:45				
10:00				
10:15				
10:30				
10:45				
11:00				
11:15				
11:30				
11:45				
12:00				
12:15				
12:30				
12:45				

M T W R F S Su

_____/_____ (Date)

	Party Size	Name	Phone	Notes
5:00				
5:15				
5:30				
5:45				
6:00				
6:15				
6:30				
6:45				
7:00				
7:15				
7:30				
7:45				
8:00				
8:15				
8:30				
8:45				
9:00				
9:15				
9:30				
9:45				
10:00				
10:15				
10:30				
10:45				
11:00				
11:15				
11:30				
11:45				
12:00				
12:15				
12:30				
12:45				

M T W R F S Su

_____/_____ (Date)

	Party Size	Name	Phone	Notes
5:00				
5:15				
5:30				
5:45				
6:00				
6:15				
6:30				
6:45				
7:00				
7:15				
7:30				
7:45				
8:00				
8:15				
8:30				
8:45				
9:00				
9:15				
9:30				
9:45				
10:00				
10:15				
10:30				
10:45				
11:00				
11:15				
11:30				
11:45				
12:00				
12:15				
12:30				
12:45				

M T W R F S Su

_____/_____ (Date)

	Party Size	Name	Phone	Notes
5:00				
5:15				
5:30				
5:45				
6:00				
6:15				
6:30				
6:45				
7:00				
7:15				
7:30				
7:45				
8:00				
8:15				
8:30				
8:45				
9:00				
9:15				
9:30				
9:45				
10:00				
10:15				
10:30				
10:45				
11:00				
11:15				
11:30				
11:45				
12:00				
12:15				
12:30				
12:45				

M T W R F S Su

_____/_____ (Date)

	Party Size	Name	Phone	Notes
5:00				
5:15				
5:30				
5:45				
6:00				
6:15				
6:30				
6:45				
7:00				
7:15				
7:30				
7:45				
8:00				
8:15				
8:30				
8:45				
9:00				
9:15				
9:30				
9:45				
10:00				
10:15				
10:30				
10:45				
11:00				
11:15				
11:30				
11:45				
12:00				
12:15				
12:30				
12:45				

M T W R F S Su

_____/_____ (Date)

	Party Size	Name	Phone	Notes
5:00				
5:15				
5:30				
5:45				
6:00				
6:15				
6:30				
6:45				
7:00				
7:15				
7:30				
7:45				
8:00				
8:15				
8:30				
8:45				
9:00				
9:15				
9:30				
9:45				
10:00				
10:15				
10:30				
10:45				
11:00				
11:15				
11:30				
11:45				
12:00				
12:15				
12:30				
12:45				

M T W R F S Su

_____/_____ (Date)

	Party Size	Name	Phone	Notes
5:00				
5:15				
5:30				
5:45				
6:00				
6:15				
6:30				
6:45				
7:00				
7:15				
7:30				
7:45				
8:00				
8:15				
8:30				
8:45				
9:00				
9:15				
9:30				
9:45				
10:00				
10:15				
10:30				
10:45				
11:00				
11:15				
11:30				
11:45				
12:00				
12:15				
12:30				
12:45				

M T W R F S Su

_____/_____ (Date)

	Party Size	Name	Phone	Notes
5:00				
5:15				
5:30				
5:45				
6:00				
6:15				
6:30				
6:45				
7:00				
7:15				
7:30				
7:45				
8:00				
8:15				
8:30				
8:45				
9:00				
9:15				
9:30				
9:45				
10:00				
10:15				
10:30				
10:45				
11:00				
11:15				
11:30				
11:45				
12:00				
12:15				
12:30				
12:45				

M T W R F S Su

_____/_____ (Date)

	Party Size	Name	Phone	Notes
5:00				
5:15				
5:30				
5:45				
6:00				
6:15				
6:30				
6:45				
7:00				
7:15				
7:30				
7:45				
8:00				
8:15				
8:30				
8:45				
9:00				
9:15				
9:30				
9:45				
10:00				
10:15				
10:30				
10:45				
11:00				
11:15				
11:30				
11:45				
12:00				
12:15				
12:30				
12:45				

M T W R F S Su

_____/_____ (Date)

	Party Size	Name	Phone	Notes
5:00				
5:15				
5:30				
5:45				
6:00				
6:15				
6:30				
6:45				
7:00				
7:15				
7:30				
7:45				
8:00				
8:15				
8:30				
8:45				
9:00				
9:15				
9:30				
9:45				
10:00				
10:15				
10:30				
10:45				
11:00				
11:15				
11:30				
11:45				
12:00				
12:15				
12:30				
12:45				

M T W R F S Su

_____/_____ (Date)

	Party Size	Name	Phone	Notes
5:00				
5:15				
5:30				
5:45				
6:00				
6:15				
6:30				
6:45				
7:00				
7:15				
7:30				
7:45				
8:00				
8:15				
8:30				
8:45				
9:00				
9:15				
9:30				
9:45				
10:00				
10:15				
10:30				
10:45				
11:00				
11:15				
11:30				
11:45				
12:00				
12:15				
12:30				
12:45				

M T W R F S Su

_____/_____ (Date)

	Party Size	Name	Phone	Notes
5:00				
5:15				
5:30				
5:45				
6:00				
6:15				
6:30				
6:45				
7:00				
7:15				
7:30				
7:45				
8:00				
8:15				
8:30				
8:45				
9:00				
9:15				
9:30				
9:45				
10:00				
10:15				
10:30				
10:45				
11:00				
11:15				
11:30				
11:45				
12:00				
12:15				
12:30				
12:45				

M T W R F S Su

_____/_____ (Date)

	Party Size	Name	Phone	Notes
5:00				
5:15				
5:30				
5:45				
6:00				
6:15				
6:30				
6:45				
7:00				
7:15				
7:30				
7:45				
8:00				
8:15				
8:30				
8:45				
9:00				
9:15				
9:30				
9:45				
10:00				
10:15				
10:30				
10:45				
11:00				
11:15				
11:30				
11:45				
12:00				
12:15				
12:30				
12:45				

M T W R F S Su

_____/_____ (Date)

	Party Size	Name	Phone	Notes
5:00				
5:15				
5:30				
5:45				
6:00				
6:15				
6:30				
6:45				
7:00				
7:15				
7:30				
7:45				
8:00				
8:15				
8:30				
8:45				
9:00				
9:15				
9:30				
9:45				
10:00				
10:15				
10:30				
10:45				
11:00				
11:15				
11:30				
11:45				
12:00				
12:15				
12:30				
12:45				

M T W R F S Su

_____/_____ (Date)

	Party Size	Name	Phone	Notes
5:00				
5:15				
5:30				
5:45				
6:00				
6:15				
6:30				
6:45				
7:00				
7:15				
7:30				
7:45				
8:00				
8:15				
8:30				
8:45				
9:00				
9:15				
9:30				
9:45				
10:00				
10:15				
10:30				
10:45				
11:00				
11:15				
11:30				
11:45				
12:00				
12:15				
12:30				
12:45				

M T W R F S Su

_____/_____ (Date)

	Party Size	Name	Phone	Notes
5:00				
5:15				
5:30				
5:45				
6:00				
6:15				
6:30				
6:45				
7:00				
7:15				
7:30				
7:45				
8:00				
8:15				
8:30				
8:45				
9:00				
9:15				
9:30				
9:45				
10:00				
10:15				
10:30				
10:45				
11:00				
11:15				
11:30				
11:45				
12:00				
12:15				
12:30				
12:45				

M T W R F S Su

_____/_____ (Date)

	Party Size	Name	Phone	Notes
5:00				
5:15				
5:30				
5:45				
6:00				
6:15				
6:30				
6:45				
7:00				
7:15				
7:30				
7:45				
8:00				
8:15				
8:30				
8:45				
9:00				
9:15				
9:30				
9:45				
10:00				
10:15				
10:30				
10:45				
11:00				
11:15				
11:30				
11:45				
12:00				
12:15				
12:30				
12:45				

M T W R F S Su

_____/_____ (Date)

	Party Size	Name	Phone	Notes
5:00				
5:15				
5:30				
5:45				
6:00				
6:15				
6:30				
6:45				
7:00				
7:15				
7:30				
7:45				
8:00				
8:15				
8:30				
8:45				
9:00				
9:15				
9:30				
9:45				
10:00				
10:15				
10:30				
10:45				
11:00				
11:15				
11:30				
11:45				
12:00				
12:15				
12:30				
12:45				

M T W R F S Su

_____/_____ (Date)

	Party Size	Name	Phone	Notes
5:00				
5:15				
5:30				
5:45				
6:00				
6:15				
6:30				
6:45				
7:00				
7:15				
7:30				
7:45				
8:00				
8:15				
8:30				
8:45				
9:00				
9:15				
9:30				
9:45				
10:00				
10:15				
10:30				
10:45				
11:00				
11:15				
11:30				
11:45				
12:00				
12:15				
12:30				
12:45				

M T W R F S Su

_____/_____ (Date)

	Party Size	Name	Phone	Notes
5:00				
5:15				
5:30				
5:45				
6:00				
6:15				
6:30				
6:45				
7:00				
7:15				
7:30				
7:45				
8:00				
8:15				
8:30				
8:45				
9:00				
9:15				
9:30				
9:45				
10:00				
10:15				
10:30				
10:45				
11:00				
11:15				
11:30				
11:45				
12:00				
12:15				
12:30				
12:45				

M T W R F S Su

_____/_____ (Date)

	Party Size	Name	Phone	Notes
5:00				
5:15				
5:30				
5:45				
6:00				
6:15				
6:30				
6:45				
7:00				
7:15				
7:30				
7:45				
8:00				
8:15				
8:30				
8:45				
9:00				
9:15				
9:30				
9:45				
10:00				
10:15				
10:30				
10:45				
11:00				
11:15				
11:30				
11:45				
12:00				
12:15				
12:30				
12:45				

M T W R F S Su

_____/_____ (Date)

	Party Size	Name	Phone	Notes
5:00				
5:15				
5:30				
5:45				
6:00				
6:15				
6:30				
6:45				
7:00				
7:15				
7:30				
7:45				
8:00				
8:15				
8:30				
8:45				
9:00				
9:15				
9:30				
9:45				
10:00				
10:15				
10:30				
10:45				
11:00				
11:15				
11:30				
11:45				
12:00				
12:15				
12:30				
12:45				

M T W R F S Su

_____ / _____ (Date)

	Party Size	Name	Phone	Notes
5:00				
5:15				
5:30				
5:45				
6:00				
6:15				
6:30				
6:45				
7:00				
7:15				
7:30				
7:45				
8:00				
8:15				
8:30				
8:45				
9:00				
9:15				
9:30				
9:45				
10:00				
10:15				
10:30				
10:45				
11:00				
11:15				
11:30				
11:45				
12:00				
12:15				
12:30				
12:45				

M T W R F S Su

_____ / _____ (Date)

	Party Size	Name	Phone	Notes
5:00				
5:15				
5:30				
5:45				
6:00				
6:15				
6:30				
6:45				
7:00				
7:15				
7:30				
7:45				
8:00				
8:15				
8:30				
8:45				
9:00				
9:15				
9:30				
9:45				
10:00				
10:15				
10:30				
10:45				
11:00				
11:15				
11:30				
11:45				
12:00				
12:15				
12:30				
12:45				

M T W R F S Su

_____ / _____ (Date)

	Party Size	Name	Phone	Notes
5:00				
5:15				
5:30				
5:45				
6:00				
6:15				
6:30				
6:45				
7:00				
7:15				
7:30				
7:45				
8:00				
8:15				
8:30				
8:45				
9:00				
9:15				
9:30				
9:45				
10:00				
10:15				
10:30				
10:45				
11:00				
11:15				
11:30				
11:45				
12:00				
12:15				
12:30				
12:45				

M T W R F S Su

_____/_____ (Date)

	Party Size	Name	Phone	Notes
5:00				
5:15				
5:30				
5:45				
6:00				
6:15				
6:30				
6:45				
7:00				
7:15				
7:30				
7:45				
8:00				
8:15				
8:30				
8:45				
9:00				
9:15				
9:30				
9:45				
10:00				
10:15				
10:30				
10:45				
11:00				
11:15				
11:30				
11:45				
12:00				
12:15				
12:30				
12:45				

M T W R F S Su

_____ / _____ (Date)

	Party Size	Name	Phone	Notes
5:00				
5:15				
5:30				
5:45				
6:00				
6:15				
6:30				
6:45				
7:00				
7:15				
7:30				
7:45				
8:00				
8:15				
8:30				
8:45				
9:00				
9:15				
9:30				
9:45				
10:00				
10:15				
10:30				
10:45				
11:00				
11:15				
11:30				
11:45				
12:00				
12:15				
12:30				
12:45				

M T W R F S Su

_____/_____ (Date)

	Party Size	Name	Phone	Notes
5:00				
5:15				
5:30				
5:45				
6:00				
6:15				
6:30				
6:45				
7:00				
7:15				
7:30				
7:45				
8:00				
8:15				
8:30				
8:45				
9:00				
9:15				
9:30				
9:45				
10:00				
10:15				
10:30				
10:45				
11:00				
11:15				
11:30				
11:45				
12:00				
12:15				
12:30				
12:45				

M T W R F S Su

_____/_____ (Date)

	Party Size	Name	Phone	Notes
5:00				
5:15				
5:30				
5:45				
6:00				
6:15				
6:30				
6:45				
7:00				
7:15				
7:30				
7:45				
8:00				
8:15				
8:30				
8:45				
9:00				
9:15				
9:30				
9:45				
10:00				
10:15				
10:30				
10:45				
11:00				
11:15				
11:30				
11:45				
12:00				
12:15				
12:30				
12:45				

M T W R F S Su

_____/_____ (Date)

	Party Size	Name	Phone	Notes
5:00				
5:15				
5:30				
5:45				
6:00				
6:15				
6:30				
6:45				
7:00				
7:15				
7:30				
7:45				
8:00				
8:15				
8:30				
8:45				
9:00				
9:15				
9:30				
9:45				
10:00				
10:15				
10:30				
10:45				
11:00				
11:15				
11:30				
11:45				
12:00				
12:15				
12:30				
12:45				

M T W R F S Su

_____ / _____ (Date)

	Party Size	Name	Phone	Notes
5:00				
5:15				
5:30				
5:45				
6:00				
6:15				
6:30				
6:45				
7:00				
7:15				
7:30				
7:45				
8:00				
8:15				
8:30				
8:45				
9:00				
9:15				
9:30				
9:45				
10:00				
10:15				
10:30				
10:45				
11:00				
11:15				
11:30				
11:45				
12:00				
12:15				
12:30				
12:45				

M T W R F S Su

_____/_____ (Date)

	Party Size	Name	Phone	Notes
5:00				
5:15				
5:30				
5:45				
6:00				
6:15				
6:30				
6:45				
7:00				
7:15				
7:30				
7:45				
8:00				
8:15				
8:30				
8:45				
9:00				
9:15				
9:30				
9:45				
10:00				
10:15				
10:30				
10:45				
11:00				
11:15				
11:30				
11:45				
12:00				
12:15				
12:30				
12:45				

M T W R F S Su

_____ / _____ (Date)

	Party Size	Name	Phone	Notes
5:00				
5:15				
5:30				
5:45				
6:00				
6:15				
6:30				
6:45				
7:00				
7:15				
7:30				
7:45				
8:00				
8:15				
8:30				
8:45				
9:00				
9:15				
9:30				
9:45				
10:00				
10:15				
10:30				
10:45				
11:00				
11:15				
11:30				
11:45				
12:00				
12:15				
12:30				
12:45				

M T W R F S Su

_____/_____ (Date)

	Party Size	Name	Phone	Notes
5:00				
5:15				
5:30				
5:45				
6:00				
6:15				
6:30				
6:45				
7:00				
7:15				
7:30				
7:45				
8:00				
8:15				
8:30				
8:45				
9:00				
9:15				
9:30				
9:45				
10:00				
10:15				
10:30				
10:45				
11:00				
11:15				
11:30				
11:45				
12:00				
12:15				
12:30				
12:45				

M T W R F S Su

_____/_____ (Date)

	Party Size	Name	Phone	Notes
5:00				
5:15				
5:30				
5:45				
6:00				
6:15				
6:30				
6:45				
7:00				
7:15				
7:30				
7:45				
8:00				
8:15				
8:30				
8:45				
9:00				
9:15				
9:30				
9:45				
10:00				
10:15				
10:30				
10:45				
11:00				
11:15				
11:30				
11:45				
12:00				
12:15				
12:30				
12:45				

M T W R F S Su

_____/_____ (Date)

	Party Size	Name	Phone	Notes
5:00				
5:15				
5:30				
5:45				
6:00				
6:15				
6:30				
6:45				
7:00				
7:15				
7:30				
7:45				
8:00				
8:15				
8:30				
8:45				
9:00				
9:15				
9:30				
9:45				
10:00				
10:15				
10:30				
10:45				
11:00				
11:15				
11:30				
11:45				
12:00				
12:15				
12:30				
12:45				

M T W R F S Su

_____ / _____ (Date)

	Party Size	Name	Phone	Notes
5:00				
5:15				
5:30				
5:45				
6:00				
6:15				
6:30				
6:45				
7:00				
7:15				
7:30				
7:45				
8:00				
8:15				
8:30				
8:45				
9:00				
9:15				
9:30				
9:45				
10:00				
10:15				
10:30				
10:45				
11:00				
11:15				
11:30				
11:45				
12:00				
12:15				
12:30				
12:45				

M T W R F S Su

_____ / _____ (Date)

	Party Size	Name	Phone	Notes
5:00				
5:15				
5:30				
5:45				
6:00				
6:15				
6:30				
6:45				
7:00				
7:15				
7:30				
7:45				
8:00				
8:15				
8:30				
8:45				
9:00				
9:15				
9:30				
9:45				
10:00				
10:15				
10:30				
10:45				
11:00				
11:15				
11:30				
11:45				
12:00				
12:15				
12:30				
12:45				

M T W R F S Su

_____/_____ (Date)

	Party Size	Name	Phone	Notes
5:00				
5:15				
5:30				
5:45				
6:00				
6:15				
6:30				
6:45				
7:00				
7:15				
7:30				
7:45				
8:00				
8:15				
8:30				
8:45				
9:00				
9:15				
9:30				
9:45				
10:00				
10:15				
10:30				
10:45				
11:00				
11:15				
11:30				
11:45				
12:00				
12:15				
12:30				
12:45				

M T W R F S Su

_____/_____ (Date)

	Party Size	Name	Phone	Notes
5:00				
5:15				
5:30				
5:45				
6:00				
6:15				
6:30				
6:45				
7:00				
7:15				
7:30				
7:45				
8:00				
8:15				
8:30				
8:45				
9:00				
9:15				
9:30				
9:45				
10:00				
10:15				
10:30				
10:45				
11:00				
11:15				
11:30				
11:45				
12:00				
12:15				
12:30				
12:45				

M T W R F S Su

_____/_____ (Date)

	Party Size	Name	Phone	Notes
5:00				
5:15				
5:30				
5:45				
6:00				
6:15				
6:30				
6:45				
7:00				
7:15				
7:30				
7:45				
8:00				
8:15				
8:30				
8:45				
9:00				
9:15				
9:30				
9:45				
10:00				
10:15				
10:30				
10:45				
11:00				
11:15				
11:30				
11:45				
12:00				
12:15				
12:30				
12:45				

M T W R F S Su

_____/_____ (Date)

	Party Size	Name	Phone	Notes
5:00				
5:15				
5:30				
5:45				
6:00				
6:15				
6:30				
6:45				
7:00				
7:15				
7:30				
7:45				
8:00				
8:15				
8:30				
8:45				
9:00				
9:15				
9:30				
9:45				
10:00				
10:15				
10:30				
10:45				
11:00				
11:15				
11:30				
11:45				
12:00				
12:15				
12:30				
12:45				

M T W R F S Su

_____/_____ (Date)

	Party Size	Name	Phone	Notes
5:00				
5:15				
5:30				
5:45				
6:00				
6:15				
6:30				
6:45				
7:00				
7:15				
7:30				
7:45				
8:00				
8:15				
8:30				
8:45				
9:00				
9:15				
9:30				
9:45				
10:00				
10:15				
10:30				
10:45				
11:00				
11:15				
11:30				
11:45				
12:00				
12:15				
12:30				
12:45				

M T W R F S Su

_____/_____ (Date)

	Party Size	Name	Phone	Notes
5:00				
5:15				
5:30				
5:45				
6:00				
6:15				
6:30				
6:45				
7:00				
7:15				
7:30				
7:45				
8:00				
8:15				
8:30				
8:45				
9:00				
9:15				
9:30				
9:45				
10:00				
10:15				
10:30				
10:45				
11:00				
11:15				
11:30				
11:45				
12:00				
12:15				
12:30				
12:45				

M T W R F S Su

_____ / _____ (Date)

	Party Size	Name	Phone	Notes
5:00				
5:15				
5:30				
5:45				
6:00				
6:15				
6:30				
6:45				
7:00				
7:15				
7:30				
7:45				
8:00				
8:15				
8:30				
8:45				
9:00				
9:15				
9:30				
9:45				
10:00				
10:15				
10:30				
10:45				
11:00				
11:15				
11:30				
11:45				
12:00				
12:15				
12:30				
12:45				

M T W R F S Su

_____/_____ (Date)

	Party Size	Name	Phone	Notes
5:00				
5:15				
5:30				
5:45				
6:00				
6:15				
6:30				
6:45				
7:00				
7:15				
7:30				
7:45				
8:00				
8:15				
8:30				
8:45				
9:00				
9:15				
9:30				
9:45				
10:00				
10:15				
10:30				
10:45				
11:00				
11:15				
11:30				
11:45				
12:00				
12:15				
12:30				
12:45				

M T W R F S Su

_____/_____ (Date)

	Party Size	Name	Phone	Notes
5:00				
5:15				
5:30				
5:45				
6:00				
6:15				
6:30				
6:45				
7:00				
7:15				
7:30				
7:45				
8:00				
8:15				
8:30				
8:45				
9:00				
9:15				
9:30				
9:45				
10:00				
10:15				
10:30				
10:45				
11:00				
11:15				
11:30				
11:45				
12:00				
12:15				
12:30				
12:45				

M T W R F S Su

_____/_____ (Date)

	Party Size	Name	Phone	Notes
5:00				
5:15				
5:30				
5:45				
6:00				
6:15				
6:30				
6:45				
7:00				
7:15				
7:30				
7:45				
8:00				
8:15				
8:30				
8:45				
9:00				
9:15				
9:30				
9:45				
10:00				
10:15				
10:30				
10:45				
11:00				
11:15				
11:30				
11:45				
12:00				
12:15				
12:30				
12:45				

M T W R F S Su

_____/_____ (Date)

	Party Size	Name	Phone	Notes
5:00				
5:15				
5:30				
5:45				
6:00				
6:15				
6:30				
6:45				
7:00				
7:15				
7:30				
7:45				
8:00				
8:15				
8:30				
8:45				
9:00				
9:15				
9:30				
9:45				
10:00				
10:15				
10:30				
10:45				
11:00				
11:15				
11:30				
11:45				
12:00				
12:15				
12:30				
12:45				

M T W R F S Su

_____/_____ (Date)

	Party Size	Name	Phone	Notes
5:00				
5:15				
5:30				
5:45				
6:00				
6:15				
6:30				
6:45				
7:00				
7:15				
7:30				
7:45				
8:00				
8:15				
8:30				
8:45				
9:00				
9:15				
9:30				
9:45				
10:00				
10:15				
10:30				
10:45				
11:00				
11:15				
11:30				
11:45				
12:00				
12:15				
12:30				
12:45				

M T W R F S Su

_____ / _____ (Date)

	Party Size	Name	Phone	Notes
5:00				
5:15				
5:30				
5:45				
6:00				
6:15				
6:30				
6:45				
7:00				
7:15				
7:30				
7:45				
8:00				
8:15				
8:30				
8:45				
9:00				
9:15				
9:30				
9:45				
10:00				
10:15				
10:30				
10:45				
11:00				
11:15				
11:30				
11:45				
12:00				
12:15				
12:30				
12:45				

M T W R F S Su

_____/_____ (Date)

	Party Size	Name	Phone	Notes
5:00				
5:15				
5:30				
5:45				
6:00				
6:15				
6:30				
6:45				
7:00				
7:15				
7:30				
7:45				
8:00				
8:15				
8:30				
8:45				
9:00				
9:15				
9:30				
9:45				
10:00				
10:15				
10:30				
10:45				
11:00				
11:15				
11:30				
11:45				
12:00				
12:15				
12:30				
12:45				

M T W R F S Su

_____/_____ (Date)

	Party Size	Name	Phone	Notes
5:00				
5:15				
5:30				
5:45				
6:00				
6:15				
6:30				
6:45				
7:00				
7:15				
7:30				
7:45				
8:00				
8:15				
8:30				
8:45				
9:00				
9:15				
9:30				
9:45				
10:00				
10:15				
10:30				
10:45				
11:00				
11:15				
11:30				
11:45				
12:00				
12:15				
12:30				
12:45				

M T W R F S Su

_____/_____ (Date)

	Party Size	Name	Phone	Notes
5:00				
5:15				
5:30				
5:45				
6:00				
6:15				
6:30				
6:45				
7:00				
7:15				
7:30				
7:45				
8:00				
8:15				
8:30				
8:45				
9:00				
9:15				
9:30				
9:45				
10:00				
10:15				
10:30				
10:45				
11:00				
11:15				
11:30				
11:45				
12:00				
12:15				
12:30				
12:45				

M T W R F S Su

_____/_____ (Date)

	Party Size	Name	Phone	Notes
5:00				
5:15				
5:30				
5:45				
6:00				
6:15				
6:30				
6:45				
7:00				
7:15				
7:30				
7:45				
8:00				
8:15				
8:30				
8:45				
9:00				
9:15				
9:30				
9:45				
10:00				
10:15				
10:30				
10:45				
11:00				
11:15				
11:30				
11:45				
12:00				
12:15				
12:30				
12:45				

M T W R F S Su

_____/_____ (Date)

	Party Size	Name	Phone	Notes
5:00				
5:15				
5:30				
5:45				
6:00				
6:15				
6:30				
6:45				
7:00				
7:15				
7:30				
7:45				
8:00				
8:15				
8:30				
8:45				
9:00				
9:15				
9:30				
9:45				
10:00				
10:15				
10:30				
10:45				
11:00				
11:15				
11:30				
11:45				
12:00				
12:15				
12:30				
12:45				

M T W R F S Su

_____/_____ (Date)

	Party Size	Name	Phone	Notes
5:00				
5:15				
5:30				
5:45				
6:00				
6:15				
6:30				
6:45				
7:00				
7:15				
7:30				
7:45				
8:00				
8:15				
8:30				
8:45				
9:00				
9:15				
9:30				
9:45				
10:00				
10:15				
10:30				
10:45				
11:00				
11:15				
11:30				
11:45				
12:00				
12:15				
12:30				
12:45				

M T W R F S Su

_____/_____ (Date)

	Party Size	Name	Phone	Notes
5:00				
5:15				
5:30				
5:45				
6:00				
6:15				
6:30				
6:45				
7:00				
7:15				
7:30				
7:45				
8:00				
8:15				
8:30				
8:45				
9:00				
9:15				
9:30				
9:45				
10:00				
10:15				
10:30				
10:45				
11:00				
11:15				
11:30				
11:45				
12:00				
12:15				
12:30				
12:45				

M T W R F S Su

_____ / _____ (Date)

	Party Size	Name	Phone	Notes
5:00				
5:15				
5:30				
5:45				
6:00				
6:15				
6:30				
6:45				
7:00				
7:15				
7:30				
7:45				
8:00				
8:15				
8:30				
8:45				
9:00				
9:15				
9:30				
9:45				
10:00				
10:15				
10:30				
10:45				
11:00				
11:15				
11:30				
11:45				
12:00				
12:15				
12:30				
12:45				

M T W R F S Su

_____/_____ (Date)

	Party Size	Name	Phone	Notes
5:00				
5:15				
5:30				
5:45				
6:00				
6:15				
6:30				
6:45				
7:00				
7:15				
7:30				
7:45				
8:00				
8:15				
8:30				
8:45				
9:00				
9:15				
9:30				
9:45				
10:00				
10:15				
10:30				
10:45				
11:00				
11:15				
11:30				
11:45				
12:00				
12:15				
12:30				
12:45				

M T W R F S Su

_____/_____ (Date)

	Party Size	Name	Phone	Notes
5:00				
5:15				
5:30				
5:45				
6:00				
6:15				
6:30				
6:45				
7:00				
7:15				
7:30				
7:45				
8:00				
8:15				
8:30				
8:45				
9:00				
9:15				
9:30				
9:45				
10:00				
10:15				
10:30				
10:45				
11:00				
11:15				
11:30				
11:45				
12:00				
12:15				
12:30				
12:45				

M T W R F S Su

_____/_____ (Date)

	Party Size	Name	Phone	Notes
5:00				
5:15				
5:30				
5:45				
6:00				
6:15				
6:30				
6:45				
7:00				
7:15				
7:30				
7:45				
8:00				
8:15				
8:30				
8:45				
9:00				
9:15				
9:30				
9:45				
10:00				
10:15				
10:30				
10:45				
11:00				
11:15				
11:30				
11:45				
12:00				
12:15				
12:30				
12:45				

M T W R F S Su

_____/_____ (Date)

	Party Size	Name	Phone	Notes
5:00				
5:15				
5:30				
5:45				
6:00				
6:15				
6:30				
6:45				
7:00				
7:15				
7:30				
7:45				
8:00				
8:15				
8:30				
8:45				
9:00				
9:15				
9:30				
9:45				
10:00				
10:15				
10:30				
10:45				
11:00				
11:15				
11:30				
11:45				
12:00				
12:15				
12:30				
12:45				

M T W R F S Su

_____ / _____ (Date)

	Party Size	Name	Phone	Notes
5:00				
5:15				
5:30				
5:45				
6:00				
6:15				
6:30				
6:45				
7:00				
7:15				
7:30				
7:45				
8:00				
8:15				
8:30				
8:45				
9:00				
9:15				
9:30				
9:45				
10:00				
10:15				
10:30				
10:45				
11:00				
11:15				
11:30				
11:45				
12:00				
12:15				
12:30				
12:45				

M T W R F S Su

_____/_____ (Date)

	Party Size	Name	Phone	Notes
5:00				
5:15				
5:30				
5:45				
6:00				
6:15				
6:30				
6:45				
7:00				
7:15				
7:30				
7:45				
8:00				
8:15				
8:30				
8:45				
9:00				
9:15				
9:30				
9:45				
10:00				
10:15				
10:30				
10:45				
11:00				
11:15				
11:30				
11:45				
12:00				
12:15				
12:30				
12:45				

M T W R F S Su

_____/_____ (Date)

	Party Size	Name	Phone	Notes
5:00				
5:15				
5:30				
5:45				
6:00				
6:15				
6:30				
6:45				
7:00				
7:15				
7:30				
7:45				
8:00				
8:15				
8:30				
8:45				
9:00				
9:15				
9:30				
9:45				
10:00				
10:15				
10:30				
10:45				
11:00				
11:15				
11:30				
11:45				
12:00				
12:15				
12:30				
12:45				

M T W R F S Su

_____ / _____ (Date)

	Party Size	Name	Phone	Notes
5:00				
5:15				
5:30				
5:45				
6:00				
6:15				
6:30				
6:45				
7:00				
7:15				
7:30				
7:45				
8:00				
8:15				
8:30				
8:45				
9:00				
9:15				
9:30				
9:45				
10:00				
10:15				
10:30				
10:45				
11:00				
11:15				
11:30				
11:45				
12:00				
12:15				
12:30				
12:45				

M T W R F S Su

_____/_____ (Date)

	Party Size	Name	Phone	Notes
5:00				
5:15				
5:30				
5:45				
6:00				
6:15				
6:30				
6:45				
7:00				
7:15				
7:30				
7:45				
8:00				
8:15				
8:30				
8:45				
9:00				
9:15				
9:30				
9:45				
10:00				
10:15				
10:30				
10:45				
11:00				
11:15				
11:30				
11:45				
12:00				
12:15				
12:30				
12:45				

M T W R F S Su

_____/_____ (Date)

	Party Size	Name	Phone	Notes
5:00				
5:15				
5:30				
5:45				
6:00				
6:15				
6:30				
6:45				
7:00				
7:15				
7:30				
7:45				
8:00				
8:15				
8:30				
8:45				
9:00				
9:15				
9:30				
9:45				
10:00				
10:15				
10:30				
10:45				
11:00				
11:15				
11:30				
11:45				
12:00				
12:15				
12:30				
12:45				

M T W R F S Su

_____/_____ (Date)

	Party Size	Name	Phone	Notes
5:00				
5:15				
5:30				
5:45				
6:00				
6:15				
6:30				
6:45				
7:00				
7:15				
7:30				
7:45				
8:00				
8:15				
8:30				
8:45				
9:00				
9:15				
9:30				
9:45				
10:00				
10:15				
10:30				
10:45				
11:00				
11:15				
11:30				
11:45				
12:00				
12:15				
12:30				
12:45				

M T W R F S Su

_____/_____ (Date)

	Party Size	Name	Phone	Notes
5:00				
5:15				
5:30				
5:45				
6:00				
6:15				
6:30				
6:45				
7:00				
7:15				
7:30				
7:45				
8:00				
8:15				
8:30				
8:45				
9:00				
9:15				
9:30				
9:45				
10:00				
10:15				
10:30				
10:45				
11:00				
11:15				
11:30				
11:45				
12:00				
12:15				
12:30				
12:45				

M T W R F S Su

_____/_____ (Date)

	Party Size	Name	Phone	Notes
5:00				
5:15				
5:30				
5:45				
6:00				
6:15				
6:30				
6:45				
7:00				
7:15				
7:30				
7:45				
8:00				
8:15				
8:30				
8:45				
9:00				
9:15				
9:30				
9:45				
10:00				
10:15				
10:30				
10:45				
11:00				
11:15				
11:30				
11:45				
12:00				
12:15				
12:30				
12:45				

M T W R F S Su

_____/_____ (Date)

	Party Size	Name	Phone	Notes
5:00				
5:15				
5:30				
5:45				
6:00				
6:15				
6:30				
6:45				
7:00				
7:15				
7:30				
7:45				
8:00				
8:15				
8:30				
8:45				
9:00				
9:15				
9:30				
9:45				
10:00				
10:15				
10:30				
10:45				
11:00				
11:15				
11:30				
11:45				
12:00				
12:15				
12:30				
12:45				

M T W R F S Su

_____/_____ (Date)

	Party Size	Name	Phone	Notes
5:00				
5:15				
5:30				
5:45				
6:00				
6:15				
6:30				
6:45				
7:00				
7:15				
7:30				
7:45				
8:00				
8:15				
8:30				
8:45				
9:00				
9:15				
9:30				
9:45				
10:00				
10:15				
10:30				
10:45				
11:00				
11:15				
11:30				
11:45				
12:00				
12:15				
12:30				
12:45				

M T W R F S Su

_____/_____ (Date)

	Party Size	Name	Phone	Notes
5:00				
5:15				
5:30				
5:45				
6:00				
6:15				
6:30				
6:45				
7:00				
7:15				
7:30				
7:45				
8:00				
8:15				
8:30				
8:45				
9:00				
9:15				
9:30				
9:45				
10:00				
10:15				
10:30				
10:45				
11:00				
11:15				
11:30				
11:45				
12:00				
12:15				
12:30				
12:45				

M T W R F S Su

_____/_____ (Date)

	Party Size	Name	Phone	Notes
5:00				
5:15				
5:30				
5:45				
6:00				
6:15				
6:30				
6:45				
7:00				
7:15				
7:30				
7:45				
8:00				
8:15				
8:30				
8:45				
9:00				
9:15				
9:30				
9:45				
10:00				
10:15				
10:30				
10:45				
11:00				
11:15				
11:30				
11:45				
12:00				
12:15				
12:30				
12:45				

M T W R F S Su

_____/_____ (Date)

	Party Size	Name	Phone	Notes
5:00				
5:15				
5:30				
5:45				
6:00				
6:15				
6:30				
6:45				
7:00				
7:15				
7:30				
7:45				
8:00				
8:15				
8:30				
8:45				
9:00				
9:15				
9:30				
9:45				
10:00				
10:15				
10:30				
10:45				
11:00				
11:15				
11:30				
11:45				
12:00				
12:15				
12:30				
12:45				

M T W R F S Su

_____ / _____ (Date)

	Party Size	Name	Phone	Notes
5:00				
5:15				
5:30				
5:45				
6:00				
6:15				
6:30				
6:45				
7:00				
7:15				
7:30				
7:45				
8:00				
8:15				
8:30				
8:45				
9:00				
9:15				
9:30				
9:45				
10:00				
10:15				
10:30				
10:45				
11:00				
11:15				
11:30				
11:45				
12:00				
12:15				
12:30				
12:45				

M T W R F S Su

_____/_____ (Date)

	Party Size	Name	Phone	Notes
5:00				
5:15				
5:30				
5:45				
6:00				
6:15				
6:30				
6:45				
7:00				
7:15				
7:30				
7:45				
8:00				
8:15				
8:30				
8:45				
9:00				
9:15				
9:30				
9:45				
10:00				
10:15				
10:30				
10:45				
11:00				
11:15				
11:30				
11:45				
12:00				
12:15				
12:30				
12:45				

M T W R F S Su

_____/_____ (Date)

	Party Size	Name	Phone	Notes
5:00				
5:15				
5:30				
5:45				
6:00				
6:15				
6:30				
6:45				
7:00				
7:15				
7:30				
7:45				
8:00				
8:15				
8:30				
8:45				
9:00				
9:15				
9:30				
9:45				
10:00				
10:15				
10:30				
10:45				
11:00				
11:15				
11:30				
11:45				
12:00				
12:15				
12:30				
12:45				

M T W R F S Su

_____/_____ (Date)

	Party Size	Name	Phone	Notes
5:00				
5:15				
5:30				
5:45				
6:00				
6:15				
6:30				
6:45				
7:00				
7:15				
7:30				
7:45				
8:00				
8:15				
8:30				
8:45				
9:00				
9:15				
9:30				
9:45				
10:00				
10:15				
10:30				
10:45				
11:00				
11:15				
11:30				
11:45				
12:00				
12:15				
12:30				
12:45				

M T W R F S Su

_____ / _____ (Date)

	Party Size	Name	Phone	Notes
5:00				
5:15				
5:30				
5:45				
6:00				
6:15				
6:30				
6:45				
7:00				
7:15				
7:30				
7:45				
8:00				
8:15				
8:30				
8:45				
9:00				
9:15				
9:30				
9:45				
10:00				
10:15				
10:30				
10:45				
11:00				
11:15				
11:30				
11:45				
12:00				
12:15				
12:30				
12:45				

M T W R F S Su

_____/_____ (Date)

	Party Size	Name	Phone	Notes
5:00				
5:15				
5:30				
5:45				
6:00				
6:15				
6:30				
6:45				
7:00				
7:15				
7:30				
7:45				
8:00				
8:15				
8:30				
8:45				
9:00				
9:15				
9:30				
9:45				
10:00				
10:15				
10:30				
10:45				
11:00				
11:15				
11:30				
11:45				
12:00				
12:15				
12:30				
12:45				

M T W R F S Su

_____/_____ (Date)

	Party Size	Name	Phone	Notes
5:00				
5:15				
5:30				
5:45				
6:00				
6:15				
6:30				
6:45				
7:00				
7:15				
7:30				
7:45				
8:00				
8:15				
8:30				
8:45				
9:00				
9:15				
9:30				
9:45				
10:00				
10:15				
10:30				
10:45				
11:00				
11:15				
11:30				
11:45				
12:00				
12:15				
12:30				
12:45				

M T W R F S Su

_____/_____ (Date)

	Party Size	Name	Phone	Notes
5:00				
5:15				
5:30				
5:45				
6:00				
6:15				
6:30				
6:45				
7:00				
7:15				
7:30				
7:45				
8:00				
8:15				
8:30				
8:45				
9:00				
9:15				
9:30				
9:45				
10:00				
10:15				
10:30				
10:45				
11:00				
11:15				
11:30				
11:45				
12:00				
12:15				
12:30				
12:45				

M T W R F S Su

_____/_____ (Date)

	Party Size	Name	Phone	Notes
5:00				
5:15				
5:30				
5:45				
6:00				
6:15				
6:30				
6:45				
7:00				
7:15				
7:30				
7:45				
8:00				
8:15				
8:30				
8:45				
9:00				
9:15				
9:30				
9:45				
10:00				
10:15				
10:30				
10:45				
11:00				
11:15				
11:30				
11:45				
12:00				
12:15				
12:30				
12:45				

M T W R F S Su

_____/_____ (Date)

	Party Size	Name	Phone	Notes
5:00				
5:15				
5:30				
5:45				
6:00				
6:15				
6:30				
6:45				
7:00				
7:15				
7:30				
7:45				
8:00				
8:15				
8:30				
8:45				
9:00				
9:15				
9:30				
9:45				
10:00				
10:15				
10:30				
10:45				
11:00				
11:15				
11:30				
11:45				
12:00				
12:15				
12:30				
12:45				

M T W R F S Su

_____/_____ (Date)

	Party Size	Name	Phone	Notes
5:00				
5:15				
5:30				
5:45				
6:00				
6:15				
6:30				
6:45				
7:00				
7:15				
7:30				
7:45				
8:00				
8:15				
8:30				
8:45				
9:00				
9:15				
9:30				
9:45				
10:00				
10:15				
10:30				
10:45				
11:00				
11:15				
11:30				
11:45				
12:00				
12:15				
12:30				
12:45				

M T W R F S Su

_____ / _____ (Date)

	Party Size	Name	Phone	Notes
5:00				
5:15				
5:30				
5:45				
6:00				
6:15				
6:30				
6:45				
7:00				
7:15				
7:30				
7:45				
8:00				
8:15				
8:30				
8:45				
9:00				
9:15				
9:30				
9:45				
10:00				
10:15				
10:30				
10:45				
11:00				
11:15				
11:30				
11:45				
12:00				
12:15				
12:30				
12:45				

M T W R F S Su

_____/_____ (Date)

	Party Size	Name	Phone	Notes
5:00				
5:15				
5:30				
5:45				
6:00				
6:15				
6:30				
6:45				
7:00				
7:15				
7:30				
7:45				
8:00				
8:15				
8:30				
8:45				
9:00				
9:15				
9:30				
9:45				
10:00				
10:15				
10:30				
10:45				
11:00				
11:15				
11:30				
11:45				
12:00				
12:15				
12:30				
12:45				

M T W R F S Su

_____ / _____ (Date)

	Party Size	Name	Phone	Notes
5:00				
5:15				
5:30				
5:45				
6:00				
6:15				
6:30				
6:45				
7:00				
7:15				
7:30				
7:45				
8:00				
8:15				
8:30				
8:45				
9:00				
9:15				
9:30				
9:45				
10:00				
10:15				
10:30				
10:45				
11:00				
11:15				
11:30				
11:45				
12:00				
12:15				
12:30				
12:45				

M T W R F S Su

_____/_____ (Date)

	Party Size	Name	Phone	Notes
5:00				
5:15				
5:30				
5:45				
6:00				
6:15				
6:30				
6:45				
7:00				
7:15				
7:30				
7:45				
8:00				
8:15				
8:30				
8:45				
9:00				
9:15				
9:30				
9:45				
10:00				
10:15				
10:30				
10:45				
11:00				
11:15				
11:30				
11:45				
12:00				
12:15				
12:30				
12:45				

M T W R F S Su

_____/_____ (Date)

	Party Size	Name	Phone	Notes
5:00				
5:15				
5:30				
5:45				
6:00				
6:15				
6:30				
6:45				
7:00				
7:15				
7:30				
7:45				
8:00				
8:15				
8:30				
8:45				
9:00				
9:15				
9:30				
9:45				
10:00				
10:15				
10:30				
10:45				
11:00				
11:15				
11:30				
11:45				
12:00				
12:15				
12:30				
12:45				

M T W R F S Su

_____/_____ (Date)

	Party Size	Name	Phone	Notes
5:00				
5:15				
5:30				
5:45				
6:00				
6:15				
6:30				
6:45				
7:00				
7:15				
7:30				
7:45				
8:00				
8:15				
8:30				
8:45				
9:00				
9:15				
9:30				
9:45				
10:00				
10:15				
10:30				
10:45				
11:00				
11:15				
11:30				
11:45				
12:00				
12:15				
12:30				
12:45				

M T W R F S Su

_____ / _____ (Date)

	Party Size	Name	Phone	Notes
5:00				
5:15				
5:30				
5:45				
6:00				
6:15				
6:30				
6:45				
7:00				
7:15				
7:30				
7:45				
8:00				
8:15				
8:30				
8:45				
9:00				
9:15				
9:30				
9:45				
10:00				
10:15				
10:30				
10:45				
11:00				
11:15				
11:30				
11:45				
12:00				
12:15				
12:30				
12:45				

M T W R F S Su

_____/_____ (Date)

	Party Size	Name	Phone	Notes
5:00				
5:15				
5:30				
5:45				
6:00				
6:15				
6:30				
6:45				
7:00				
7:15				
7:30				
7:45				
8:00				
8:15				
8:30				
8:45				
9:00				
9:15				
9:30				
9:45				
10:00				
10:15				
10:30				
10:45				
11:00				
11:15				
11:30				
11:45				
12:00				
12:15				
12:30				
12:45				

M T W R F S Su

_____/_____ (Date)

	Party Size	Name	Phone	Notes
5:00				
5:15				
5:30				
5:45				
6:00				
6:15				
6:30				
6:45				
7:00				
7:15				
7:30				
7:45				
8:00				
8:15				
8:30				
8:45				
9:00				
9:15				
9:30				
9:45				
10:00				
10:15				
10:30				
10:45				
11:00				
11:15				
11:30				
11:45				
12:00				
12:15				
12:30				
12:45				

M T W R F S Su

_____/_____ (Date)

	Party Size	Name	Phone	Notes
5:00				
5:15				
5:30				
5:45				
6:00				
6:15				
6:30				
6:45				
7:00				
7:15				
7:30				
7:45				
8:00				
8:15				
8:30				
8:45				
9:00				
9:15				
9:30				
9:45				
10:00				
10:15				
10:30				
10:45				
11:00				
11:15				
11:30				
11:45				
12:00				
12:15				
12:30				
12:45				

M T W R F S Su

_____/_____ (Date)

	Party Size	Name	Phone	Notes
5:00				
5:15				
5:30				
5:45				
6:00				
6:15				
6:30				
6:45				
7:00				
7:15				
7:30				
7:45				
8:00				
8:15				
8:30				
8:45				
9:00				
9:15				
9:30				
9:45				
10:00				
10:15				
10:30				
10:45				
11:00				
11:15				
11:30				
11:45				
12:00				
12:15				
12:30				
12:45				

M T W R F S Su

_____/_____ (Date)

Time	Party Size	Name	Phone	Notes
5:00				
5:15				
5:30				
5:45				
6:00				
6:15				
6:30				
6:45				
7:00				
7:15				
7:30				
7:45				
8:00				
8:15				
8:30				
8:45				
9:00				
9:15				
9:30				
9:45				
10:00				
10:15				
10:30				
10:45				
11:00				
11:15				
11:30				
11:45				
12:00				
12:15				
12:30				
12:45				

M T W R F S Su

_____/_____ (Date)

	Party Size	Name	Phone	Notes
5:00				
5:15				
5:30				
5:45				
6:00				
6:15				
6:30				
6:45				
7:00				
7:15				
7:30				
7:45				
8:00				
8:15				
8:30				
8:45				
9:00				
9:15				
9:30				
9:45				
10:00				
10:15				
10:30				
10:45				
11:00				
11:15				
11:30				
11:45				
12:00				
12:15				
12:30				
12:45				

M T W R F S Su

_____/_____ (Date)

	Party Size	Name	Phone	Notes
5:00				
5:15				
5:30				
5:45				
6:00				
6:15				
6:30				
6:45				
7:00				
7:15				
7:30				
7:45				
8:00				
8:15				
8:30				
8:45				
9:00				
9:15				
9:30				
9:45				
10:00				
10:15				
10:30				
10:45				
11:00				
11:15				
11:30				
11:45				
12:00				
12:15				
12:30				
12:45				

M T W R F S Su

_____/_____ (Date)

	Party Size	Name	Phone	Notes
5:00				
5:15				
5:30				
5:45				
6:00				
6:15				
6:30				
6:45				
7:00				
7:15				
7:30				
7:45				
8:00				
8:15				
8:30				
8:45				
9:00				
9:15				
9:30				
9:45				
10:00				
10:15				
10:30				
10:45				
11:00				
11:15				
11:30				
11:45				
12:00				
12:15				
12:30				
12:45				

M T W R F S Su

_____/_____ (Date)

	Party Size	Name	Phone	Notes
5:00				
5:15				
5:30				
5:45				
6:00				
6:15				
6:30				
6:45				
7:00				
7:15				
7:30				
7:45				
8:00				
8:15				
8:30				
8:45				
9:00				
9:15				
9:30				
9:45				
10:00				
10:15				
10:30				
10:45				
11:00				
11:15				
11:30				
11:45				
12:00				
12:15				
12:30				
12:45				

M T W R F S Su

_____/_____ (Date)

	Party Size	Name	Phone	Notes
5:00				
5:15				
5:30				
5:45				
6:00				
6:15				
6:30				
6:45				
7:00				
7:15				
7:30				
7:45				
8:00				
8:15				
8:30				
8:45				
9:00				
9:15				
9:30				
9:45				
10:00				
10:15				
10:30				
10:45				
11:00				
11:15				
11:30				
11:45				
12:00				
12:15				
12:30				
12:45				

M T W R F S Su

_____/_____ (Date)

	Party Size	Name	Phone	Notes
5:00				
5:15				
5:30				
5:45				
6:00				
6:15				
6:30				
6:45				
7:00				
7:15				
7:30				
7:45				
8:00				
8:15				
8:30				
8:45				
9:00				
9:15				
9:30				
9:45				
10:00				
10:15				
10:30				
10:45				
11:00				
11:15				
11:30				
11:45				
12:00				
12:15				
12:30				
12:45				

M T W R F S Su

_____/_____ (Date)

	Party Size	Name	Phone	Notes
5:00				
5:15				
5:30				
5:45				
6:00				
6:15				
6:30				
6:45				
7:00				
7:15				
7:30				
7:45				
8:00				
8:15				
8:30				
8:45				
9:00				
9:15				
9:30				
9:45				
10:00				
10:15				
10:30				
10:45				
11:00				
11:15				
11:30				
11:45				
12:00				
12:15				
12:30				
12:45				

M T W R F S Su

_____/_____ (Date)

	Party Size	Name	Phone	Notes
5:00				
5:15				
5:30				
5:45				
6:00				
6:15				
6:30				
6:45				
7:00				
7:15				
7:30				
7:45				
8:00				
8:15				
8:30				
8:45				
9:00				
9:15				
9:30				
9:45				
10:00				
10:15				
10:30				
10:45				
11:00				
11:15				
11:30				
11:45				
12:00				
12:15				
12:30				
12:45				

M T W R F S Su

_____/_____ (Date)

	Party Size	Name	Phone	Notes
5:00				
5:15				
5:30				
5:45				
6:00				
6:15				
6:30				
6:45				
7:00				
7:15				
7:30				
7:45				
8:00				
8:15				
8:30				
8:45				
9:00				
9:15				
9:30				
9:45				
10:00				
10:15				
10:30				
10:45				
11:00				
11:15				
11:30				
11:45				
12:00				
12:15				
12:30				
12:45				

M T W R F S Su

_____/_____ (Date)

	Party Size	Name	Phone	Notes
5:00				
5:15				
5:30				
5:45				
6:00				
6:15				
6:30				
6:45				
7:00				
7:15				
7:30				
7:45				
8:00				
8:15				
8:30				
8:45				
9:00				
9:15				
9:30				
9:45				
10:00				
10:15				
10:30				
10:45				
11:00				
11:15				
11:30				
11:45				
12:00				
12:15				
12:30				
12:45				

M T W R F S Su

_____/_____ (Date)

	Party Size	Name	Phone	Notes
5:00				
5:15				
5:30				
5:45				
6:00				
6:15				
6:30				
6:45				
7:00				
7:15				
7:30				
7:45				
8:00				
8:15				
8:30				
8:45				
9:00				
9:15				
9:30				
9:45				
10:00				
10:15				
10:30				
10:45				
11:00				
11:15				
11:30				
11:45				
12:00				
12:15				
12:30				
12:45				

M T W R F S Su

_____/_____ (Date)

	Party Size	Name	Phone	Notes
5:00				
5:15				
5:30				
5:45				
6:00				
6:15				
6:30				
6:45				
7:00				
7:15				
7:30				
7:45				
8:00				
8:15				
8:30				
8:45				
9:00				
9:15				
9:30				
9:45				
10:00				
10:15				
10:30				
10:45				
11:00				
11:15				
11:30				
11:45				
12:00				
12:15				
12:30				
12:45				

M T W R F S Su

_____/_____ (Date)

	Party Size	Name	Phone	Notes
5:00				
5:15				
5:30				
5:45				
6:00				
6:15				
6:30				
6:45				
7:00				
7:15				
7:30				
7:45				
8:00				
8:15				
8:30				
8:45				
9:00				
9:15				
9:30				
9:45				
10:00				
10:15				
10:30				
10:45				
11:00				
11:15				
11:30				
11:45				
12:00				
12:15				
12:30				
12:45				

M T W R F S Su

_____/_____ (Date)

	Party Size	Name	Phone	Notes
5:00				
5:15				
5:30				
5:45				
6:00				
6:15				
6:30				
6:45				
7:00				
7:15				
7:30				
7:45				
8:00				
8:15				
8:30				
8:45				
9:00				
9:15				
9:30				
9:45				
10:00				
10:15				
10:30				
10:45				
11:00				
11:15				
11:30				
11:45				
12:00				
12:15				
12:30				
12:45				

M T W R F S Su

_____/_____ (Date)

	Party Size	Name	Phone	Notes
5:00				
5:15				
5:30				
5:45				
6:00				
6:15				
6:30				
6:45				
7:00				
7:15				
7:30				
7:45				
8:00				
8:15				
8:30				
8:45				
9:00				
9:15				
9:30				
9:45				
10:00				
10:15				
10:30				
10:45				
11:00				
11:15				
11:30				
11:45				
12:00				
12:15				
12:30				
12:45				

M T W R F S Su

_____/_____ (Date)

	Party Size	Name	Phone	Notes
5:00				
5:15				
5:30				
5:45				
6:00				
6:15				
6:30				
6:45				
7:00				
7:15				
7:30				
7:45				
8:00				
8:15				
8:30				
8:45				
9:00				
9:15				
9:30				
9:45				
10:00				
10:15				
10:30				
10:45				
11:00				
11:15				
11:30				
11:45				
12:00				
12:15				
12:30				
12:45				

M T W R F S Su

_____/_____ (Date)

	Party Size	Name	Phone	Notes
5:00				
5:15				
5:30				
5:45				
6:00				
6:15				
6:30				
6:45				
7:00				
7:15				
7:30				
7:45				
8:00				
8:15				
8:30				
8:45				
9:00				
9:15				
9:30				
9:45				
10:00				
10:15				
10:30				
10:45				
11:00				
11:15				
11:30				
11:45				
12:00				
12:15				
12:30				
12:45				

M T W R F S Su

_____/_____ (Date)

	Party Size	Name	Phone	Notes
5:00				
5:15				
5:30				
5:45				
6:00				
6:15				
6:30				
6:45				
7:00				
7:15				
7:30				
7:45				
8:00				
8:15				
8:30				
8:45				
9:00				
9:15				
9:30				
9:45				
10:00				
10:15				
10:30				
10:45				
11:00				
11:15				
11:30				
11:45				
12:00				
12:15				
12:30				
12:45				

M T W R F S Su

_____/_____ (Date)

	Party Size	Name	Phone	Notes
5:00				
5:15				
5:30				
5:45				
6:00				
6:15				
6:30				
6:45				
7:00				
7:15				
7:30				
7:45				
8:00				
8:15				
8:30				
8:45				
9:00				
9:15				
9:30				
9:45				
10:00				
10:15				
10:30				
10:45				
11:00				
11:15				
11:30				
11:45				
12:00				
12:15				
12:30				
12:45				

M T W R F S Su

_____/_____ (Date)

	Party Size	Name	Phone	Notes
5:00				
5:15				
5:30				
5:45				
6:00				
6:15				
6:30				
6:45				
7:00				
7:15				
7:30				
7:45				
8:00				
8:15				
8:30				
8:45				
9:00				
9:15				
9:30				
9:45				
10:00				
10:15				
10:30				
10:45				
11:00				
11:15				
11:30				
11:45				
12:00				
12:15				
12:30				
12:45				

M T W R F S Su

_____/_____ (Date)

	Party Size	Name	Phone	Notes
5:00				
5:15				
5:30				
5:45				
6:00				
6:15				
6:30				
6:45				
7:00				
7:15				
7:30				
7:45				
8:00				
8:15				
8:30				
8:45				
9:00				
9:15				
9:30				
9:45				
10:00				
10:15				
10:30				
10:45				
11:00				
11:15				
11:30				
11:45				
12:00				
12:15				
12:30				
12:45				

M T W R F S Su

_____/_____ (Date)

	Party Size	Name	Phone	Notes
5:00				
5:15				
5:30				
5:45				
6:00				
6:15				
6:30				
6:45				
7:00				
7:15				
7:30				
7:45				
8:00				
8:15				
8:30				
8:45				
9:00				
9:15				
9:30				
9:45				
10:00				
10:15				
10:30				
10:45				
11:00				
11:15				
11:30				
11:45				
12:00				
12:15				
12:30				
12:45				

M T W R F S Su

_____/_____ (Date)

	Party Size	Name	Phone	Notes
5:00				
5:15				
5:30				
5:45				
6:00				
6:15				
6:30				
6:45				
7:00				
7:15				
7:30				
7:45				
8:00				
8:15				
8:30				
8:45				
9:00				
9:15				
9:30				
9:45				
10:00				
10:15				
10:30				
10:45				
11:00				
11:15				
11:30				
11:45				
12:00				
12:15				
12:30				
12:45				

M T W R F S Su

_____/_____ (Date)

	Party Size	Name	Phone	Notes
5:00				
5:15				
5:30				
5:45				
6:00				
6:15				
6:30				
6:45				
7:00				
7:15				
7:30				
7:45				
8:00				
8:15				
8:30				
8:45				
9:00				
9:15				
9:30				
9:45				
10:00				
10:15				
10:30				
10:45				
11:00				
11:15				
11:30				
11:45				
12:00				
12:15				
12:30				
12:45				

M T W R F S Su

_____ / _____ (Date)

	Party Size	Name	Phone	Notes
5:00				
5:15				
5:30				
5:45				
6:00				
6:15				
6:30				
6:45				
7:00				
7:15				
7:30				
7:45				
8:00				
8:15				
8:30				
8:45				
9:00				
9:15				
9:30				
9:45				
10:00				
10:15				
10:30				
10:45				
11:00				
11:15				
11:30				
11:45				
12:00				
12:15				
12:30				
12:45				

M T W R F S Su

_____/_____ (Date)

	Party Size	Name	Phone	Notes
5:00				
5:15				
5:30				
5:45				
6:00				
6:15				
6:30				
6:45				
7:00				
7:15				
7:30				
7:45				
8:00				
8:15				
8:30				
8:45				
9:00				
9:15				
9:30				
9:45				
10:00				
10:15				
10:30				
10:45				
11:00				
11:15				
11:30				
11:45				
12:00				
12:15				
12:30				
12:45				

M T W R F S Su

_____ / _____ (Date)

	Party Size	Name	Phone	Notes
5:00				
5:15				
5:30				
5:45				
6:00				
6:15				
6:30				
6:45				
7:00				
7:15				
7:30				
7:45				
8:00				
8:15				
8:30				
8:45				
9:00				
9:15				
9:30				
9:45				
10:00				
10:15				
10:30				
10:45				
11:00				
11:15				
11:30				
11:45				
12:00				
12:15				
12:30				
12:45				

M T W R F S Su

_____/_____ (Date)

	Party Size	Name	Phone	Notes
5:00				
5:15				
5:30				
5:45				
6:00				
6:15				
6:30				
6:45				
7:00				
7:15				
7:30				
7:45				
8:00				
8:15				
8:30				
8:45				
9:00				
9:15				
9:30				
9:45				
10:00				
10:15				
10:30				
10:45				
11:00				
11:15				
11:30				
11:45				
12:00				
12:15				
12:30				
12:45				

M T W R F S Su

_____/_____ (Date)

	Party Size	Name	Phone	Notes
5:00				
5:15				
5:30				
5:45				
6:00				
6:15				
6:30				
6:45				
7:00				
7:15				
7:30				
7:45				
8:00				
8:15				
8:30				
8:45				
9:00				
9:15				
9:30				
9:45				
10:00				
10:15				
10:30				
10:45				
11:00				
11:15				
11:30				
11:45				
12:00				
12:15				
12:30				
12:45				

M T W R F S Su

_____/_____ (Date)

	Party Size	Name	Phone	Notes
5:00				
5:15				
5:30				
5:45				
6:00				
6:15				
6:30				
6:45				
7:00				
7:15				
7:30				
7:45				
8:00				
8:15				
8:30				
8:45				
9:00				
9:15				
9:30				
9:45				
10:00				
10:15				
10:30				
10:45				
11:00				
11:15				
11:30				
11:45				
12:00				
12:15				
12:30				
12:45				

M T W R F S Su

_____/_____ (Date)

	Party Size	Name	Phone	Notes
5:00				
5:15				
5:30				
5:45				
6:00				
6:15				
6:30				
6:45				
7:00				
7:15				
7:30				
7:45				
8:00				
8:15				
8:30				
8:45				
9:00				
9:15				
9:30				
9:45				
10:00				
10:15				
10:30				
10:45				
11:00				
11:15				
11:30				
11:45				
12:00				
12:15				
12:30				
12:45				

M T W R F S Su

_____ / _____ (Date)

	Party Size	Name	Phone	Notes
5:00				
5:15				
5:30				
5:45				
6:00				
6:15				
6:30				
6:45				
7:00				
7:15				
7:30				
7:45				
8:00				
8:15				
8:30				
8:45				
9:00				
9:15				
9:30				
9:45				
10:00				
10:15				
10:30				
10:45				
11:00				
11:15				
11:30				
11:45				
12:00				
12:15				
12:30				
12:45				

M T W R F S Su

_____/_____ (Date)

	Party Size	Name	Phone	Notes
5:00				
5:15				
5:30				
5:45				
6:00				
6:15				
6:30				
6:45				
7:00				
7:15				
7:30				
7:45				
8:00				
8:15				
8:30				
8:45				
9:00				
9:15				
9:30				
9:45				
10:00				
10:15				
10:30				
10:45				
11:00				
11:15				
11:30				
11:45				
12:00				
12:15				
12:30				
12:45				

M T W R F S Su

_____/_____ (Date)

	Party Size	Name	Phone	Notes
5:00				
5:15				
5:30				
5:45				
6:00				
6:15				
6:30				
6:45				
7:00				
7:15				
7:30				
7:45				
8:00				
8:15				
8:30				
8:45				
9:00				
9:15				
9:30				
9:45				
10:00				
10:15				
10:30				
10:45				
11:00				
11:15				
11:30				
11:45				
12:00				
12:15				
12:30				
12:45				

M T W R F S Su

_____/_____ (Date)

	Party Size	Name	Phone	Notes
5:00				
5:15				
5:30				
5:45				
6:00				
6:15				
6:30				
6:45				
7:00				
7:15				
7:30				
7:45				
8:00				
8:15				
8:30				
8:45				
9:00				
9:15				
9:30				
9:45				
10:00				
10:15				
10:30				
10:45				
11:00				
11:15				
11:30				
11:45				
12:00				
12:15				
12:30				
12:45				

M T W R F S Su

_____/_____ (Date)

	Party Size	Name	Phone	Notes
5:00				
5:15				
5:30				
5:45				
6:00				
6:15				
6:30				
6:45				
7:00				
7:15				
7:30				
7:45				
8:00				
8:15				
8:30				
8:45				
9:00				
9:15				
9:30				
9:45				
10:00				
10:15				
10:30				
10:45				
11:00				
11:15				
11:30				
11:45				
12:00				
12:15				
12:30				
12:45				

M T W R F S Su

_____/_____ (Date)

	Party Size	Name	Phone	Notes
5:00				
5:15				
5:30				
5:45				
6:00				
6:15				
6:30				
6:45				
7:00				
7:15				
7:30				
7:45				
8:00				
8:15				
8:30				
8:45				
9:00				
9:15				
9:30				
9:45				
10:00				
10:15				
10:30				
10:45				
11:00				
11:15				
11:30				
11:45				
12:00				
12:15				
12:30				
12:45				

M T W R F S Su

_____/_____ (Date)

	Party Size	Name	Phone	Notes
5:00				
5:15				
5:30				
5:45				
6:00				
6:15				
6:30				
6:45				
7:00				
7:15				
7:30				
7:45				
8:00				
8:15				
8:30				
8:45				
9:00				
9:15				
9:30				
9:45				
10:00				
10:15				
10:30				
10:45				
11:00				
11:15				
11:30				
11:45				
12:00				
12:15				
12:30				
12:45				

M T W R F S Su

_____/_____ (Date)

	Party Size	Name	Phone	Notes
5:00				
5:15				
5:30				
5:45				
6:00				
6:15				
6:30				
6:45				
7:00				
7:15				
7:30				
7:45				
8:00				
8:15				
8:30				
8:45				
9:00				
9:15				
9:30				
9:45				
10:00				
10:15				
10:30				
10:45				
11:00				
11:15				
11:30				
11:45				
12:00				
12:15				
12:30				
12:45				

M T W R F S Su

_____ / _____ (Date)

	Party Size	Name	Phone	Notes
5:00				
5:15				
5:30				
5:45				
6:00				
6:15				
6:30				
6:45				
7:00				
7:15				
7:30				
7:45				
8:00				
8:15				
8:30				
8:45				
9:00				
9:15				
9:30				
9:45				
10:00				
10:15				
10:30				
10:45				
11:00				
11:15				
11:30				
11:45				
12:00				
12:15				
12:30				
12:45				

M T W R F S Su

_____/_____ (Date)

	Party Size	Name	Phone	Notes
5:00				
5:15				
5:30				
5:45				
6:00				
6:15				
6:30				
6:45				
7:00				
7:15				
7:30				
7:45				
8:00				
8:15				
8:30				
8:45				
9:00				
9:15				
9:30				
9:45				
10:00				
10:15				
10:30				
10:45				
11:00				
11:15				
11:30				
11:45				
12:00				
12:15				
12:30				
12:45				

M T W R F S Su

_____/_____ (Date)

Time	Party Size	Name	Phone	Notes
5:00				
5:15				
5:30				
5:45				
6:00				
6:15				
6:30				
6:45				
7:00				
7:15				
7:30				
7:45				
8:00				
8:15				
8:30				
8:45				
9:00				
9:15				
9:30				
9:45				
10:00				
10:15				
10:30				
10:45				
11:00				
11:15				
11:30				
11:45				
12:00				
12:15				
12:30				
12:45				

M T W R F S Su

_____ / _____ (Date)

	Party Size	Name	Phone	Notes
5:00				
5:15				
5:30				
5:45				
6:00				
6:15				
6:30				
6:45				
7:00				
7:15				
7:30				
7:45				
8:00				
8:15				
8:30				
8:45				
9:00				
9:15				
9:30				
9:45				
10:00				
10:15				
10:30				
10:45				
11:00				
11:15				
11:30				
11:45				
12:00				
12:15				
12:30				
12:45				

M T W R F S Su

_____/_____ (Date)

	Party Size	Name	Phone	Notes
5:00				
5:15				
5:30				
5:45				
6:00				
6:15				
6:30				
6:45				
7:00				
7:15				
7:30				
7:45				
8:00				
8:15				
8:30				
8:45				
9:00				
9:15				
9:30				
9:45				
10:00				
10:15				
10:30				
10:45				
11:00				
11:15				
11:30				
11:45				
12:00				
12:15				
12:30				
12:45				

M T W R F S Su

_____/_____ (Date)

	Party Size	Name	Phone	Notes
5:00				
5:15				
5:30				
5:45				
6:00				
6:15				
6:30				
6:45				
7:00				
7:15				
7:30				
7:45				
8:00				
8:15				
8:30				
8:45				
9:00				
9:15				
9:30				
9:45				
10:00				
10:15				
10:30				
10:45				
11:00				
11:15				
11:30				
11:45				
12:00				
12:15				
12:30				
12:45				

M T W R F S Su

_____/_____ (Date)

	Party Size	Name	Phone	Notes
5:00				
5:15				
5:30				
5:45				
6:00				
6:15				
6:30				
6:45				
7:00				
7:15				
7:30				
7:45				
8:00				
8:15				
8:30				
8:45				
9:00				
9:15				
9:30				
9:45				
10:00				
10:15				
10:30				
10:45				
11:00				
11:15				
11:30				
11:45				
12:00				
12:15				
12:30				
12:45				

M T W R F S Su

_____/_____ (Date)

	Party Size	Name	Phone	Notes
5:00				
5:15				
5:30				
5:45				
6:00				
6:15				
6:30				
6:45				
7:00				
7:15				
7:30				
7:45				
8:00				
8:15				
8:30				
8:45				
9:00				
9:15				
9:30				
9:45				
10:00				
10:15				
10:30				
10:45				
11:00				
11:15				
11:30				
11:45				
12:00				
12:15				
12:30				
12:45				

M T W R F S Su

_____/_____ (Date)

	Party Size	Name	Phone	Notes
5:00				
5:15				
5:30				
5:45				
6:00				
6:15				
6:30				
6:45				
7:00				
7:15				
7:30				
7:45				
8:00				
8:15				
8:30				
8:45				
9:00				
9:15				
9:30				
9:45				
10:00				
10:15				
10:30				
10:45				
11:00				
11:15				
11:30				
11:45				
12:00				
12:15				
12:30				
12:45				

M T W R F S Su

_____/_____ (Date)

	Party Size	Name	Phone	Notes
5:00				
5:15				
5:30				
5:45				
6:00				
6:15				
6:30				
6:45				
7:00				
7:15				
7:30				
7:45				
8:00				
8:15				
8:30				
8:45				
9:00				
9:15				
9:30				
9:45				
10:00				
10:15				
10:30				
10:45				
11:00				
11:15				
11:30				
11:45				
12:00				
12:15				
12:30				
12:45				

M T W R F S Su

_____/_____ (Date)

	Party Size	Name	Phone	Notes
5:00				
5:15				
5:30				
5:45				
6:00				
6:15				
6:30				
6:45				
7:00				
7:15				
7:30				
7:45				
8:00				
8:15				
8:30				
8:45				
9:00				
9:15				
9:30				
9:45				
10:00				
10:15				
10:30				
10:45				
11:00				
11:15				
11:30				
11:45				
12:00				
12:15				
12:30				
12:45				

M T W R F S Su

_____/_____ (Date)

	Party Size	Name	Phone	Notes
5:00				
5:15				
5:30				
5:45				
6:00				
6:15				
6:30				
6:45				
7:00				
7:15				
7:30				
7:45				
8:00				
8:15				
8:30				
8:45				
9:00				
9:15				
9:30				
9:45				
10:00				
10:15				
10:30				
10:45				
11:00				
11:15				
11:30				
11:45				
12:00				
12:15				
12:30				
12:45				

M T W R F S Su

_____/_____ (Date)

	Party Size	Name	Phone	Notes
5:00				
5:15				
5:30				
5:45				
6:00				
6:15				
6:30				
6:45				
7:00				
7:15				
7:30				
7:45				
8:00				
8:15				
8:30				
8:45				
9:00				
9:15				
9:30				
9:45				
10:00				
10:15				
10:30				
10:45				
11:00				
11:15				
11:30				
11:45				
12:00				
12:15				
12:30				
12:45				

M T W R F S Su

_____/_____ (Date)

	Party Size	Name	Phone	Notes
5:00				
5:15				
5:30				
5:45				
6:00				
6:15				
6:30				
6:45				
7:00				
7:15				
7:30				
7:45				
8:00				
8:15				
8:30				
8:45				
9:00				
9:15				
9:30				
9:45				
10:00				
10:15				
10:30				
10:45				
11:00				
11:15				
11:30				
11:45				
12:00				
12:15				
12:30				
12:45				

M T W R F S Su

_____/_____ (Date)

	Party Size	Name	Phone	Notes
5:00				
5:15				
5:30				
5:45				
6:00				
6:15				
6:30				
6:45				
7:00				
7:15				
7:30				
7:45				
8:00				
8:15				
8:30				
8:45				
9:00				
9:15				
9:30				
9:45				
10:00				
10:15				
10:30				
10:45				
11:00				
11:15				
11:30				
11:45				
12:00				
12:15				
12:30				
12:45				

M T W R F S Su

_____ / _____ (Date)

	Party Size	Name	Phone	Notes
5:00				
5:15				
5:30				
5:45				
6:00				
6:15				
6:30				
6:45				
7:00				
7:15				
7:30				
7:45				
8:00				
8:15				
8:30				
8:45				
9:00				
9:15				
9:30				
9:45				
10:00				
10:15				
10:30				
10:45				
11:00				
11:15				
11:30				
11:45				
12:00				
12:15				
12:30				
12:45				

M T W R F S Su

_____/_____ (Date)

	Party Size	Name	Phone	Notes
5:00				
5:15				
5:30				
5:45				
6:00				
6:15				
6:30				
6:45				
7:00				
7:15				
7:30				
7:45				
8:00				
8:15				
8:30				
8:45				
9:00				
9:15				
9:30				
9:45				
10:00				
10:15				
10:30				
10:45				
11:00				
11:15				
11:30				
11:45				
12:00				
12:15				
12:30				
12:45				

M T W R F S Su

_____/_____ (Date)

	Party Size	Name	Phone	Notes
5:00				
5:15				
5:30				
5:45				
6:00				
6:15				
6:30				
6:45				
7:00				
7:15				
7:30				
7:45				
8:00				
8:15				
8:30				
8:45				
9:00				
9:15				
9:30				
9:45				
10:00				
10:15				
10:30				
10:45				
11:00				
11:15				
11:30				
11:45				
12:00				
12:15				
12:30				
12:45				

M T W R F S Su

_____/_____ (Date)

	Party Size	Name	Phone	Notes
5:00				
5:15				
5:30				
5:45				
6:00				
6:15				
6:30				
6:45				
7:00				
7:15				
7:30				
7:45				
8:00				
8:15				
8:30				
8:45				
9:00				
9:15				
9:30				
9:45				
10:00				
10:15				
10:30				
10:45				
11:00				
11:15				
11:30				
11:45				
12:00				
12:15				
12:30				
12:45				

M T W R F S Su

_____/_____ (Date)

	Party Size	Name	Phone	Notes
5:00				
5:15				
5:30				
5:45				
6:00				
6:15				
6:30				
6:45				
7:00				
7:15				
7:30				
7:45				
8:00				
8:15				
8:30				
8:45				
9:00				
9:15				
9:30				
9:45				
10:00				
10:15				
10:30				
10:45				
11:00				
11:15				
11:30				
11:45				
12:00				
12:15				
12:30				
12:45				

M T W R F S Su

_____/_____ (Date)

	Party Size	Name	Phone	Notes
5:00				
5:15				
5:30				
5:45				
6:00				
6:15				
6:30				
6:45				
7:00				
7:15				
7:30				
7:45				
8:00				
8:15				
8:30				
8:45				
9:00				
9:15				
9:30				
9:45				
10:00				
10:15				
10:30				
10:45				
11:00				
11:15				
11:30				
11:45				
12:00				
12:15				
12:30				
12:45				

M T W R F S Su

_____/_____ (Date)

	Party Size	Name	Phone	Notes
5:00				
5:15				
5:30				
5:45				
6:00				
6:15				
6:30				
6:45				
7:00				
7:15				
7:30				
7:45				
8:00				
8:15				
8:30				
8:45				
9:00				
9:15				
9:30				
9:45				
10:00				
10:15				
10:30				
10:45				
11:00				
11:15				
11:30				
11:45				
12:00				
12:15				
12:30				
12:45				

M T W R F S Su

_____ / _____ (Date)

	Party Size	Name	Phone	Notes
5:00				
5:15				
5:30				
5:45				
6:00				
6:15				
6:30				
6:45				
7:00				
7:15				
7:30				
7:45				
8:00				
8:15				
8:30				
8:45				
9:00				
9:15				
9:30				
9:45				
10:00				
10:15				
10:30				
10:45				
11:00				
11:15				
11:30				
11:45				
12:00				
12:15				
12:30				
12:45				

M T W R F S Su

_____/_____ (Date)

	Party Size	Name	Phone	Notes
5:00				
5:15				
5:30				
5:45				
6:00				
6:15				
6:30				
6:45				
7:00				
7:15				
7:30				
7:45				
8:00				
8:15				
8:30				
8:45				
9:00				
9:15				
9:30				
9:45				
10:00				
10:15				
10:30				
10:45				
11:00				
11:15				
11:30				
11:45				
12:00				
12:15				
12:30				
12:45				

M T W R F S Su

_____/_____ (Date)

	Party Size	Name	Phone	Notes
5:00				
5:15				
5:30				
5:45				
6:00				
6:15				
6:30				
6:45				
7:00				
7:15				
7:30				
7:45				
8:00				
8:15				
8:30				
8:45				
9:00				
9:15				
9:30				
9:45				
10:00				
10:15				
10:30				
10:45				
11:00				
11:15				
11:30				
11:45				
12:00				
12:15				
12:30				
12:45				

M T W R F S Su

_____/_____ (Date)

	Party Size	Name	Phone	Notes
5:00				
5:15				
5:30				
5:45				
6:00				
6:15				
6:30				
6:45				
7:00				
7:15				
7:30				
7:45				
8:00				
8:15				
8:30				
8:45				
9:00				
9:15				
9:30				
9:45				
10:00				
10:15				
10:30				
10:45				
11:00				
11:15				
11:30				
11:45				
12:00				
12:15				
12:30				
12:45				

M T W R F S Su

_____/_____ (Date)

	Party Size	Name	Phone	Notes
5:00				
5:15				
5:30				
5:45				
6:00				
6:15				
6:30				
6:45				
7:00				
7:15				
7:30				
7:45				
8:00				
8:15				
8:30				
8:45				
9:00				
9:15				
9:30				
9:45				
10:00				
10:15				
10:30				
10:45				
11:00				
11:15				
11:30				
11:45				
12:00				
12:15				
12:30				
12:45				

M T W R F S Su

_____/_____ (Date)

	Party Size	Name	Phone	Notes
5:00				
5:15				
5:30				
5:45				
6:00				
6:15				
6:30				
6:45				
7:00				
7:15				
7:30				
7:45				
8:00				
8:15				
8:30				
8:45				
9:00				
9:15				
9:30				
9:45				
10:00				
10:15				
10:30				
10:45				
11:00				
11:15				
11:30				
11:45				
12:00				
12:15				
12:30				
12:45				

M T W R F S Su

_____/_____ (Date)

	Party Size	Name	Phone	Notes
5:00				
5:15				
5:30				
5:45				
6:00				
6:15				
6:30				
6:45				
7:00				
7:15				
7:30				
7:45				
8:00				
8:15				
8:30				
8:45				
9:00				
9:15				
9:30				
9:45				
10:00				
10:15				
10:30				
10:45				
11:00				
11:15				
11:30				
11:45				
12:00				
12:15				
12:30				
12:45				

M T W R F S Su

_____ / _____ (Date)

	Party Size	Name	Phone	Notes
5:00				
5:15				
5:30				
5:45				
6:00				
6:15				
6:30				
6:45				
7:00				
7:15				
7:30				
7:45				
8:00				
8:15				
8:30				
8:45				
9:00				
9:15				
9:30				
9:45				
10:00				
10:15				
10:30				
10:45				
11:00				
11:15				
11:30				
11:45				
12:00				
12:15				
12:30				
12:45				

M T W R F S Su

_____/_____ (Date)

	Party Size	Name	Phone	Notes
5:00				
5:15				
5:30				
5:45				
6:00				
6:15				
6:30				
6:45				
7:00				
7:15				
7:30				
7:45				
8:00				
8:15				
8:30				
8:45				
9:00				
9:15				
9:30				
9:45				
10:00				
10:15				
10:30				
10:45				
11:00				
11:15				
11:30				
11:45				
12:00				
12:15				
12:30				
12:45				

M T W R F S Su

_____/_____ (Date)

	Party Size	Name	Phone	Notes
5:00				
5:15				
5:30				
5:45				
6:00				
6:15				
6:30				
6:45				
7:00				
7:15				
7:30				
7:45				
8:00				
8:15				
8:30				
8:45				
9:00				
9:15				
9:30				
9:45				
10:00				
10:15				
10:30				
10:45				
11:00				
11:15				
11:30				
11:45				
12:00				
12:15				
12:30				
12:45				

M T W R F S Su

_____/_____ (Date)

	Party Size	Name	Phone	Notes
5:00				
5:15				
5:30				
5:45				
6:00				
6:15				
6:30				
6:45				
7:00				
7:15				
7:30				
7:45				
8:00				
8:15				
8:30				
8:45				
9:00				
9:15				
9:30				
9:45				
10:00				
10:15				
10:30				
10:45				
11:00				
11:15				
11:30				
11:45				
12:00				
12:15				
12:30				
12:45				

M T W R F S Su

_____/_____ (Date)

	Party Size	Name	Phone	Notes
5:00				
5:15				
5:30				
5:45				
6:00				
6:15				
6:30				
6:45				
7:00				
7:15				
7:30				
7:45				
8:00				
8:15				
8:30				
8:45				
9:00				
9:15				
9:30				
9:45				
10:00				
10:15				
10:30				
10:45				
11:00				
11:15				
11:30				
11:45				
12:00				
12:15				
12:30				
12:45				

M T W R F S Su

_____/_____ (Date)

	Party Size	Name	Phone	Notes
5:00				
5:15				
5:30				
5:45				
6:00				
6:15				
6:30				
6:45				
7:00				
7:15				
7:30				
7:45				
8:00				
8:15				
8:30				
8:45				
9:00				
9:15				
9:30				
9:45				
10:00				
10:15				
10:30				
10:45				
11:00				
11:15				
11:30				
11:45				
12:00				
12:15				
12:30				
12:45				

M T W R F S Su

_____/_____ (Date)

	Party Size	Name	Phone	Notes
5:00				
5:15				
5:30				
5:45				
6:00				
6:15				
6:30				
6:45				
7:00				
7:15				
7:30				
7:45				
8:00				
8:15				
8:30				
8:45				
9:00				
9:15				
9:30				
9:45				
10:00				
10:15				
10:30				
10:45				
11:00				
11:15				
11:30				
11:45				
12:00				
12:15				
12:30				
12:45				

M T W R F S Su

_____/_____ (Date)

	Party Size	Name	Phone	Notes
5:00				
5:15				
5:30				
5:45				
6:00				
6:15				
6:30				
6:45				
7:00				
7:15				
7:30				
7:45				
8:00				
8:15				
8:30				
8:45				
9:00				
9:15				
9:30				
9:45				
10:00				
10:15				
10:30				
10:45				
11:00				
11:15				
11:30				
11:45				
12:00				
12:15				
12:30				
12:45				

M T W R F S Su

_____/_____ (Date)

	Party Size	Name	Phone	Notes
5:00				
5:15				
5:30				
5:45				
6:00				
6:15				
6:30				
6:45				
7:00				
7:15				
7:30				
7:45				
8:00				
8:15				
8:30				
8:45				
9:00				
9:15				
9:30				
9:45				
10:00				
10:15				
10:30				
10:45				
11:00				
11:15				
11:30				
11:45				
12:00				
12:15				
12:30				
12:45				

M T W R F S Su

_____/_____ (Date)

	Party Size	Name	Phone	Notes
5:00				
5:15				
5:30				
5:45				
6:00				
6:15				
6:30				
6:45				
7:00				
7:15				
7:30				
7:45				
8:00				
8:15				
8:30				
8:45				
9:00				
9:15				
9:30				
9:45				
10:00				
10:15				
10:30				
10:45				
11:00				
11:15				
11:30				
11:45				
12:00				
12:15				
12:30				
12:45				

M T W R F S Su

_____/_____ (Date)

	Party Size	Name	Phone	Notes
5:00				
5:15				
5:30				
5:45				
6:00				
6:15				
6:30				
6:45				
7:00				
7:15				
7:30				
7:45				
8:00				
8:15				
8:30				
8:45				
9:00				
9:15				
9:30				
9:45				
10:00				
10:15				
10:30				
10:45				
11:00				
11:15				
11:30				
11:45				
12:00				
12:15				
12:30				
12:45				

M T W R F S Su

_____/_____ (Date)

	Party Size	Name	Phone	Notes
5:00				
5:15				
5:30				
5:45				
6:00				
6:15				
6:30				
6:45				
7:00				
7:15				
7:30				
7:45				
8:00				
8:15				
8:30				
8:45				
9:00				
9:15				
9:30				
9:45				
10:00				
10:15				
10:30				
10:45				
11:00				
11:15				
11:30				
11:45				
12:00				
12:15				
12:30				
12:45				

M T W R F S Su

_____/_____ (Date)

	Party Size	Name	Phone	Notes
5:00				
5:15				
5:30				
5:45				
6:00				
6:15				
6:30				
6:45				
7:00				
7:15				
7:30				
7:45				
8:00				
8:15				
8:30				
8:45				
9:00				
9:15				
9:30				
9:45				
10:00				
10:15				
10:30				
10:45				
11:00				
11:15				
11:30				
11:45				
12:00				
12:15				
12:30				
12:45				

M T W R F S Su

_____/_____ (Date)

	Party Size	Name	Phone	Notes
5:00				
5:15				
5:30				
5:45				
6:00				
6:15				
6:30				
6:45				
7:00				
7:15				
7:30				
7:45				
8:00				
8:15				
8:30				
8:45				
9:00				
9:15				
9:30				
9:45				
10:00				
10:15				
10:30				
10:45				
11:00				
11:15				
11:30				
11:45				
12:00				
12:15				
12:30				
12:45				

M T W R F S Su

_____/_____ (Date)

	Party Size	Name	Phone	Notes
5:00				
5:15				
5:30				
5:45				
6:00				
6:15				
6:30				
6:45				
7:00				
7:15				
7:30				
7:45				
8:00				
8:15				
8:30				
8:45				
9:00				
9:15				
9:30				
9:45				
10:00				
10:15				
10:30				
10:45				
11:00				
11:15				
11:30				
11:45				
12:00				
12:15				
12:30				
12:45				

M T W R F S Su

_____/_____ (Date)

	Party Size	Name	Phone	Notes
5:00				
5:15				
5:30				
5:45				
6:00				
6:15				
6:30				
6:45				
7:00				
7:15				
7:30				
7:45				
8:00				
8:15				
8:30				
8:45				
9:00				
9:15				
9:30				
9:45				
10:00				
10:15				
10:30				
10:45				
11:00				
11:15				
11:30				
11:45				
12:00				
12:15				
12:30				
12:45				

M T W R F S Su

_____/_____ (Date)

	Party Size	Name	Phone	Notes
5:00				
5:15				
5:30				
5:45				
6:00				
6:15				
6:30				
6:45				
7:00				
7:15				
7:30				
7:45				
8:00				
8:15				
8:30				
8:45				
9:00				
9:15				
9:30				
9:45				
10:00				
10:15				
10:30				
10:45				
11:00				
11:15				
11:30				
11:45				
12:00				
12:15				
12:30				
12:45				

M T W R F S Su

_____/_____ (Date)

	Party Size	Name	Phone	Notes
5:00				
5:15				
5:30				
5:45				
6:00				
6:15				
6:30				
6:45				
7:00				
7:15				
7:30				
7:45				
8:00				
8:15				
8:30				
8:45				
9:00				
9:15				
9:30				
9:45				
10:00				
10:15				
10:30				
10:45				
11:00				
11:15				
11:30				
11:45				
12:00				
12:15				
12:30				
12:45				

M T W R F S Su

_____/_____ (Date)

	Party Size	Name	Phone	Notes
5:00				
5:15				
5:30				
5:45				
6:00				
6:15				
6:30				
6:45				
7:00				
7:15				
7:30				
7:45				
8:00				
8:15				
8:30				
8:45				
9:00				
9:15				
9:30				
9:45				
10:00				
10:15				
10:30				
10:45				
11:00				
11:15				
11:30				
11:45				
12:00				
12:15				
12:30				
12:45				

M T W R F S Su

_____/_____ (Date)

Time	Party Size	Name	Phone	Notes
5:00				
5:15				
5:30				
5:45				
6:00				
6:15				
6:30				
6:45				
7:00				
7:15				
7:30				
7:45				
8:00				
8:15				
8:30				
8:45				
9:00				
9:15				
9:30				
9:45				
10:00				
10:15				
10:30				
10:45				
11:00				
11:15				
11:30				
11:45				
12:00				
12:15				
12:30				
12:45				

M T W R F S Su

_____/_____ (Date)

	Party Size	Name	Phone	Notes
5:00				
5:15				
5:30				
5:45				
6:00				
6:15				
6:30				
6:45				
7:00				
7:15				
7:30				
7:45				
8:00				
8:15				
8:30				
8:45				
9:00				
9:15				
9:30				
9:45				
10:00				
10:15				
10:30				
10:45				
11:00				
11:15				
11:30				
11:45				
12:00				
12:15				
12:30				
12:45				

M T W R F S Su

_____/_____ (Date)

	Party Size	Name	Phone	Notes
5:00				
5:15				
5:30				
5:45				
6:00				
6:15				
6:30				
6:45				
7:00				
7:15				
7:30				
7:45				
8:00				
8:15				
8:30				
8:45				
9:00				
9:15				
9:30				
9:45				
10:00				
10:15				
10:30				
10:45				
11:00				
11:15				
11:30				
11:45				
12:00				
12:15				
12:30				
12:45				

M T W R F S Su

_____/_____ (Date)

	Party Size	Name	Phone	Notes
5:00				
5:15				
5:30				
5:45				
6:00				
6:15				
6:30				
6:45				
7:00				
7:15				
7:30				
7:45				
8:00				
8:15				
8:30				
8:45				
9:00				
9:15				
9:30				
9:45				
10:00				
10:15				
10:30				
10:45				
11:00				
11:15				
11:30				
11:45				
12:00				
12:15				
12:30				
12:45				

M T W R F S Su

_____/_____ (Date)

	Party Size	Name	Phone	Notes
5:00				
5:15				
5:30				
5:45				
6:00				
6:15				
6:30				
6:45				
7:00				
7:15				
7:30				
7:45				
8:00				
8:15				
8:30				
8:45				
9:00				
9:15				
9:30				
9:45				
10:00				
10:15				
10:30				
10:45				
11:00				
11:15				
11:30				
11:45				
12:00				
12:15				
12:30				
12:45				

M T W R F S Su

_____/_____ (Date)

	Party Size	Name	Phone	Notes
5:00				
5:15				
5:30				
5:45				
6:00				
6:15				
6:30				
6:45				
7:00				
7:15				
7:30				
7:45				
8:00				
8:15				
8:30				
8:45				
9:00				
9:15				
9:30				
9:45				
10:00				
10:15				
10:30				
10:45				
11:00				
11:15				
11:30				
11:45				
12:00				
12:15				
12:30				
12:45				

M T W R F S Su

_____/_____ (Date)

	Party Size	Name	Phone	Notes
5:00				
5:15				
5:30				
5:45				
6:00				
6:15				
6:30				
6:45				
7:00				
7:15				
7:30				
7:45				
8:00				
8:15				
8:30				
8:45				
9:00				
9:15				
9:30				
9:45				
10:00				
10:15				
10:30				
10:45				
11:00				
11:15				
11:30				
11:45				
12:00				
12:15				
12:30				
12:45				

M T W R F S Su

_____/_____ (Date)

	Party Size	Name	Phone	Notes
5:00				
5:15				
5:30				
5:45				
6:00				
6:15				
6:30				
6:45				
7:00				
7:15				
7:30				
7:45				
8:00				
8:15				
8:30				
8:45				
9:00				
9:15				
9:30				
9:45				
10:00				
10:15				
10:30				
10:45				
11:00				
11:15				
11:30				
11:45				
12:00				
12:15				
12:30				
12:45				

M T W R F S Su

_____/_____ (Date)

	Party Size	Name	Phone	Notes
5:00				
5:15				
5:30				
5:45				
6:00				
6:15				
6:30				
6:45				
7:00				
7:15				
7:30				
7:45				
8:00				
8:15				
8:30				
8:45				
9:00				
9:15				
9:30				
9:45				
10:00				
10:15				
10:30				
10:45				
11:00				
11:15				
11:30				
11:45				
12:00				
12:15				
12:30				
12:45				

M T W R F S Su

_____/_____ (Date)

	Party Size	Name	Phone	Notes
5:00				
5:15				
5:30				
5:45				
6:00				
6:15				
6:30				
6:45				
7:00				
7:15				
7:30				
7:45				
8:00				
8:15				
8:30				
8:45				
9:00				
9:15				
9:30				
9:45				
10:00				
10:15				
10:30				
10:45				
11:00				
11:15				
11:30				
11:45				
12:00				
12:15				
12:30				
12:45				

M T W R F S Su

_____/_____ (Date)

	Party Size	Name	Phone	Notes
5:00				
5:15				
5:30				
5:45				
6:00				
6:15				
6:30				
6:45				
7:00				
7:15				
7:30				
7:45				
8:00				
8:15				
8:30				
8:45				
9:00				
9:15				
9:30				
9:45				
10:00				
10:15				
10:30				
10:45				
11:00				
11:15				
11:30				
11:45				
12:00				
12:15				
12:30				
12:45				

M T W R F S Su

_____/_____ (Date)

	Party Size	Name	Phone	Notes
5:00				
5:15				
5:30				
5:45				
6:00				
6:15				
6:30				
6:45				
7:00				
7:15				
7:30				
7:45				
8:00				
8:15				
8:30				
8:45				
9:00				
9:15				
9:30				
9:45				
10:00				
10:15				
10:30				
10:45				
11:00				
11:15				
11:30				
11:45				
12:00				
12:15				
12:30				
12:45				

M T W R F S Su

_____/_____ (Date)

	Party Size	Name	Phone	Notes
5:00				
5:15				
5:30				
5:45				
6:00				
6:15				
6:30				
6:45				
7:00				
7:15				
7:30				
7:45				
8:00				
8:15				
8:30				
8:45				
9:00				
9:15				
9:30				
9:45				
10:00				
10:15				
10:30				
10:45				
11:00				
11:15				
11:30				
11:45				
12:00				
12:15				
12:30				
12:45				

M T W R F S Su

_____/_____ (Date)

	Party Size	Name	Phone	Notes
5:00				
5:15				
5:30				
5:45				
6:00				
6:15				
6:30				
6:45				
7:00				
7:15				
7:30				
7:45				
8:00				
8:15				
8:30				
8:45				
9:00				
9:15				
9:30				
9:45				
10:00				
10:15				
10:30				
10:45				
11:00				
11:15				
11:30				
11:45				
12:00				
12:15				
12:30				
12:45				

M T W R F S Su

_____/_____ (Date)

	Party Size	Name	Phone	Notes
5:00				
5:15				
5:30				
5:45				
6:00				
6:15				
6:30				
6:45				
7:00				
7:15				
7:30				
7:45				
8:00				
8:15				
8:30				
8:45				
9:00				
9:15				
9:30				
9:45				
10:00				
10:15				
10:30				
10:45				
11:00				
11:15				
11:30				
11:45				
12:00				
12:15				
12:30				
12:45				

M T W R F S Su

_____/_____ (Date)

	Party Size	Name	Phone	Notes
5:00				
5:15				
5:30				
5:45				
6:00				
6:15				
6:30				
6:45				
7:00				
7:15				
7:30				
7:45				
8:00				
8:15				
8:30				
8:45				
9:00				
9:15				
9:30				
9:45				
10:00				
10:15				
10:30				
10:45				
11:00				
11:15				
11:30				
11:45				
12:00				
12:15				
12:30				
12:45				

M T W R F S Su

_____/_____ (Date)

	Party Size	Name	Phone	Notes
5:00				
5:15				
5:30				
5:45				
6:00				
6:15				
6:30				
6:45				
7:00				
7:15				
7:30				
7:45				
8:00				
8:15				
8:30				
8:45				
9:00				
9:15				
9:30				
9:45				
10:00				
10:15				
10:30				
10:45				
11:00				
11:15				
11:30				
11:45				
12:00				
12:15				
12:30				
12:45				

M T W R F S Su

_____/_____ (Date)

	Party Size	Name	Phone	Notes
5:00				
5:15				
5:30				
5:45				
6:00				
6:15				
6:30				
6:45				
7:00				
7:15				
7:30				
7:45				
8:00				
8:15				
8:30				
8:45				
9:00				
9:15				
9:30				
9:45				
10:00				
10:15				
10:30				
10:45				
11:00				
11:15				
11:30				
11:45				
12:00				
12:15				
12:30				
12:45				

M T W R F S Su

_____ / _____ (Date)

	Party Size	Name	Phone	Notes
5:00				
5:15				
5:30				
5:45				
6:00				
6:15				
6:30				
6:45				
7:00				
7:15				
7:30				
7:45				
8:00				
8:15				
8:30				
8:45				
9:00				
9:15				
9:30				
9:45				
10:00				
10:15				
10:30				
10:45				
11:00				
11:15				
11:30				
11:45				
12:00				
12:15				
12:30				
12:45				

M T W R F S Su

_____/_____ (Date)

	Party Size	Name	Phone	Notes
5:00				
5:15				
5:30				
5:45				
6:00				
6:15				
6:30				
6:45				
7:00				
7:15				
7:30				
7:45				
8:00				
8:15				
8:30				
8:45				
9:00				
9:15				
9:30				
9:45				
10:00				
10:15				
10:30				
10:45				
11:00				
11:15				
11:30				
11:45				
12:00				
12:15				
12:30				
12:45				

M T W R F S Su

_____/_____ (Date)

	Party Size	Name	Phone	Notes
5:00				
5:15				
5:30				
5:45				
6:00				
6:15				
6:30				
6:45				
7:00				
7:15				
7:30				
7:45				
8:00				
8:15				
8:30				
8:45				
9:00				
9:15				
9:30				
9:45				
10:00				
10:15				
10:30				
10:45				
11:00				
11:15				
11:30				
11:45				
12:00				
12:15				
12:30				
12:45				

M T W R F S Su

_____/_____ (Date)

	Party Size	Name	Phone	Notes
5:00				
5:15				
5:30				
5:45				
6:00				
6:15				
6:30				
6:45				
7:00				
7:15				
7:30				
7:45				
8:00				
8:15				
8:30				
8:45				
9:00				
9:15				
9:30				
9:45				
10:00				
10:15				
10:30				
10:45				
11:00				
11:15				
11:30				
11:45				
12:00				
12:15				
12:30				
12:45				

M T W R F S Su

_____/_____ (Date)

	Party Size	Name	Phone	Notes
5:00				
5:15				
5:30				
5:45				
6:00				
6:15				
6:30				
6:45				
7:00				
7:15				
7:30				
7:45				
8:00				
8:15				
8:30				
8:45				
9:00				
9:15				
9:30				
9:45				
10:00				
10:15				
10:30				
10:45				
11:00				
11:15				
11:30				
11:45				
12:00				
12:15				
12:30				
12:45				

M T W R F S Su

_____/_____ (Date)

	Party Size	Name	Phone	Notes
5:00				
5:15				
5:30				
5:45				
6:00				
6:15				
6:30				
6:45				
7:00				
7:15				
7:30				
7:45				
8:00				
8:15				
8:30				
8:45				
9:00				
9:15				
9:30				
9:45				
10:00				
10:15				
10:30				
10:45				
11:00				
11:15				
11:30				
11:45				
12:00				
12:15				
12:30				
12:45				

M T W R F S Su

_____/_____ (Date)

	Party Size	Name	Phone	Notes
5:00				
5:15				
5:30				
5:45				
6:00				
6:15				
6:30				
6:45				
7:00				
7:15				
7:30				
7:45				
8:00				
8:15				
8:30				
8:45				
9:00				
9:15				
9:30				
9:45				
10:00				
10:15				
10:30				
10:45				
11:00				
11:15				
11:30				
11:45				
12:00				
12:15				
12:30				
12:45				

M T W R F S Su

_____/_____ (Date)

	Party Size	Name	Phone	Notes
5:00				
5:15				
5:30				
5:45				
6:00				
6:15				
6:30				
6:45				
7:00				
7:15				
7:30				
7:45				
8:00				
8:15				
8:30				
8:45				
9:00				
9:15				
9:30				
9:45				
10:00				
10:15				
10:30				
10:45				
11:00				
11:15				
11:30				
11:45				
12:00				
12:15				
12:30				
12:45				

M T W R F S Su

_____/_____ (Date)

	Party Size	Name	Phone	Notes
5:00				
5:15				
5:30				
5:45				
6:00				
6:15				
6:30				
6:45				
7:00				
7:15				
7:30				
7:45				
8:00				
8:15				
8:30				
8:45				
9:00				
9:15				
9:30				
9:45				
10:00				
10:15				
10:30				
10:45				
11:00				
11:15				
11:30				
11:45				
12:00				
12:15				
12:30				
12:45				

M T W R F S Su

_____/_____ (Date)

	Party Size	Name	Phone	Notes
5:00				
5:15				
5:30				
5:45				
6:00				
6:15				
6:30				
6:45				
7:00				
7:15				
7:30				
7:45				
8:00				
8:15				
8:30				
8:45				
9:00				
9:15				
9:30				
9:45				
10:00				
10:15				
10:30				
10:45				
11:00				
11:15				
11:30				
11:45				
12:00				
12:15				
12:30				
12:45				

M T W R F S Su

_____/_____ (Date)

	Party Size	Name	Phone	Notes
5:00				
5:15				
5:30				
5:45				
6:00				
6:15				
6:30				
6:45				
7:00				
7:15				
7:30				
7:45				
8:00				
8:15				
8:30				
8:45				
9:00				
9:15				
9:30				
9:45				
10:00				
10:15				
10:30				
10:45				
11:00				
11:15				
11:30				
11:45				
12:00				
12:15				
12:30				
12:45				

M T W R F S Su

_____/_____ (Date)

	Party Size	Name	Phone	Notes
5:00				
5:15				
5:30				
5:45				
6:00				
6:15				
6:30				
6:45				
7:00				
7:15				
7:30				
7:45				
8:00				
8:15				
8:30				
8:45				
9:00				
9:15				
9:30				
9:45				
10:00				
10:15				
10:30				
10:45				
11:00				
11:15				
11:30				
11:45				
12:00				
12:15				
12:30				
12:45				

M T W R F S Su

_____ / _____ (Date)

	Party Size	Name	Phone	Notes
5:00				
5:15				
5:30				
5:45				
6:00				
6:15				
6:30				
6:45				
7:00				
7:15				
7:30				
7:45				
8:00				
8:15				
8:30				
8:45				
9:00				
9:15				
9:30				
9:45				
10:00				
10:15				
10:30				
10:45				
11:00				
11:15				
11:30				
11:45				
12:00				
12:15				
12:30				
12:45				

M T W R F S Su

_____/_____ (Date)

	Party Size	Name	Phone	Notes
5:00				
5:15				
5:30				
5:45				
6:00				
6:15				
6:30				
6:45				
7:00				
7:15				
7:30				
7:45				
8:00				
8:15				
8:30				
8:45				
9:00				
9:15				
9:30				
9:45				
10:00				
10:15				
10:30				
10:45				
11:00				
11:15				
11:30				
11:45				
12:00				
12:15				
12:30				
12:45				

M T W R F S Su

_____/_____ (Date)

	Party Size	Name	Phone	Notes
5:00				
5:15				
5:30				
5:45				
6:00				
6:15				
6:30				
6:45				
7:00				
7:15				
7:30				
7:45				
8:00				
8:15				
8:30				
8:45				
9:00				
9:15				
9:30				
9:45				
10:00				
10:15				
10:30				
10:45				
11:00				
11:15				
11:30				
11:45				
12:00				
12:15				
12:30				
12:45				

M T W R F S Su

_____/_____ (Date)

	Party Size	Name	Phone	Notes
5:00				
5:15				
5:30				
5:45				
6:00				
6:15				
6:30				
6:45				
7:00				
7:15				
7:30				
7:45				
8:00				
8:15				
8:30				
8:45				
9:00				
9:15				
9:30				
9:45				
10:00				
10:15				
10:30				
10:45				
11:00				
11:15				
11:30				
11:45				
12:00				
12:15				
12:30				
12:45				

M T W R F S Su

_____/_____ (Date)

	Party Size	Name	Phone	Notes
5:00				
5:15				
5:30				
5:45				
6:00				
6:15				
6:30				
6:45				
7:00				
7:15				
7:30				
7:45				
8:00				
8:15				
8:30				
8:45				
9:00				
9:15				
9:30				
9:45				
10:00				
10:15				
10:30				
10:45				
11:00				
11:15				
11:30				
11:45				
12:00				
12:15				
12:30				
12:45				

M T W R F S Su

_____ / _____ (Date)

	Party Size	Name	Phone	Notes
5:00				
5:15				
5:30				
5:45				
6:00				
6:15				
6:30				
6:45				
7:00				
7:15				
7:30				
7:45				
8:00				
8:15				
8:30				
8:45				
9:00				
9:15				
9:30				
9:45				
10:00				
10:15				
10:30				
10:45				
11:00				
11:15				
11:30				
11:45				
12:00				
12:15				
12:30				
12:45				

M T W R F S Su

_____/_____ (Date)

Time	Party Size	Name	Phone	Notes
5:00				
5:15				
5:30				
5:45				
6:00				
6:15				
6:30				
6:45				
7:00				
7:15				
7:30				
7:45				
8:00				
8:15				
8:30				
8:45				
9:00				
9:15				
9:30				
9:45				
10:00				
10:15				
10:30				
10:45				
11:00				
11:15				
11:30				
11:45				
12:00				
12:15				
12:30				
12:45				

M T W R F S Su

_____/_____ (Date)

	Party Size	Name	Phone	Notes
5:00				
5:15				
5:30				
5:45				
6:00				
6:15				
6:30				
6:45				
7:00				
7:15				
7:30				
7:45				
8:00				
8:15				
8:30				
8:45				
9:00				
9:15				
9:30				
9:45				
10:00				
10:15				
10:30				
10:45				
11:00				
11:15				
11:30				
11:45				
12:00				
12:15				
12:30				
12:45				

M T W R F S Su

_____/_____ (Date)

	Party Size	Name	Phone	Notes
5:00				
5:15				
5:30				
5:45				
6:00				
6:15				
6:30				
6:45				
7:00				
7:15				
7:30				
7:45				
8:00				
8:15				
8:30				
8:45				
9:00				
9:15				
9:30				
9:45				
10:00				
10:15				
10:30				
10:45				
11:00				
11:15				
11:30				
11:45				
12:00				
12:15				
12:30				
12:45				

M T W R F S Su

_____/_____ (Date)

	Party Size	Name	Phone	Notes
5:00				
5:15				
5:30				
5:45				
6:00				
6:15				
6:30				
6:45				
7:00				
7:15				
7:30				
7:45				
8:00				
8:15				
8:30				
8:45				
9:00				
9:15				
9:30				
9:45				
10:00				
10:15				
10:30				
10:45				
11:00				
11:15				
11:30				
11:45				
12:00				
12:15				
12:30				
12:45				

M T W R F S Su

_____/_____ (Date)

	Party Size	Name	Phone	Notes
5:00				
5:15				
5:30				
5:45				
6:00				
6:15				
6:30				
6:45				
7:00				
7:15				
7:30				
7:45				
8:00				
8:15				
8:30				
8:45				
9:00				
9:15				
9:30				
9:45				
10:00				
10:15				
10:30				
10:45				
11:00				
11:15				
11:30				
11:45				
12:00				
12:15				
12:30				
12:45				

M T W R F S Su

_____/_____ (Date)

	Party Size	Name	Phone	Notes
5:00				
5:15				
5:30				
5:45				
6:00				
6:15				
6:30				
6:45				
7:00				
7:15				
7:30				
7:45				
8:00				
8:15				
8:30				
8:45				
9:00				
9:15				
9:30				
9:45				
10:00				
10:15				
10:30				
10:45				
11:00				
11:15				
11:30				
11:45				
12:00				
12:15				
12:30				
12:45				

M T W R F S Su

_____/_____ (Date)

	Party Size	Name	Phone	Notes
5:00				
5:15				
5:30				
5:45				
6:00				
6:15				
6:30				
6:45				
7:00				
7:15				
7:30				
7:45				
8:00				
8:15				
8:30				
8:45				
9:00				
9:15				
9:30				
9:45				
10:00				
10:15				
10:30				
10:45				
11:00				
11:15				
11:30				
11:45				
12:00				
12:15				
12:30				
12:45				

M T W R F S Su

_____/_____ (Date)

	Party Size	Name	Phone	Notes
5:00				
5:15				
5:30				
5:45				
6:00				
6:15				
6:30				
6:45				
7:00				
7:15				
7:30				
7:45				
8:00				
8:15				
8:30				
8:45				
9:00				
9:15				
9:30				
9:45				
10:00				
10:15				
10:30				
10:45				
11:00				
11:15				
11:30				
11:45				
12:00				
12:15				
12:30				
12:45				

M T W R F S Su

_____/_____ (Date)

	Party Size	Name	Phone	Notes
5:00				
5:15				
5:30				
5:45				
6:00				
6:15				
6:30				
6:45				
7:00				
7:15				
7:30				
7:45				
8:00				
8:15				
8:30				
8:45				
9:00				
9:15				
9:30				
9:45				
10:00				
10:15				
10:30				
10:45				
11:00				
11:15				
11:30				
11:45				
12:00				
12:15				
12:30				
12:45				

M T W R F S Su

_____/_____ (Date)

	Party Size	Name	Phone	Notes
5:00				
5:15				
5:30				
5:45				
6:00				
6:15				
6:30				
6:45				
7:00				
7:15				
7:30				
7:45				
8:00				
8:15				
8:30				
8:45				
9:00				
9:15				
9:30				
9:45				
10:00				
10:15				
10:30				
10:45				
11:00				
11:15				
11:30				
11:45				
12:00				
12:15				
12:30				
12:45				

M T W R F S Su

_____/_____ (Date)

	Party Size	Name	Phone	Notes
5:00				
5:15				
5:30				
5:45				
6:00				
6:15				
6:30				
6:45				
7:00				
7:15				
7:30				
7:45				
8:00				
8:15				
8:30				
8:45				
9:00				
9:15				
9:30				
9:45				
10:00				
10:15				
10:30				
10:45				
11:00				
11:15				
11:30				
11:45				
12:00				
12:15				
12:30				
12:45				

M T W R F S Su

_____/_____ (Date)

	Party Size	Name	Phone	Notes
5:00				
5:15				
5:30				
5:45				
6:00				
6:15				
6:30				
6:45				
7:00				
7:15				
7:30				
7:45				
8:00				
8:15				
8:30				
8:45				
9:00				
9:15				
9:30				
9:45				
10:00				
10:15				
10:30				
10:45				
11:00				
11:15				
11:30				
11:45				
12:00				
12:15				
12:30				
12:45				

M T W R F S Su

_____/_____ (Date)

	Party Size	Name	Phone	Notes
5:00				
5:15				
5:30				
5:45				
6:00				
6:15				
6:30				
6:45				
7:00				
7:15				
7:30				
7:45				
8:00				
8:15				
8:30				
8:45				
9:00				
9:15				
9:30				
9:45				
10:00				
10:15				
10:30				
10:45				
11:00				
11:15				
11:30				
11:45				
12:00				
12:15				
12:30				
12:45				

M T W R F S Su

_____/_____ (Date)

	Party Size	Name	Phone	Notes
5:00				
5:15				
5:30				
5:45				
6:00				
6:15				
6:30				
6:45				
7:00				
7:15				
7:30				
7:45				
8:00				
8:15				
8:30				
8:45				
9:00				
9:15				
9:30				
9:45				
10:00				
10:15				
10:30				
10:45				
11:00				
11:15				
11:30				
11:45				
12:00				
12:15				
12:30				
12:45				

M T W R F S Su

_____/_____ (Date)

	Party Size	Name	Phone	Notes
5:00				
5:15				
5:30				
5:45				
6:00				
6:15				
6:30				
6:45				
7:00				
7:15				
7:30				
7:45				
8:00				
8:15				
8:30				
8:45				
9:00				
9:15				
9:30				
9:45				
10:00				
10:15				
10:30				
10:45				
11:00				
11:15				
11:30				
11:45				
12:00				
12:15				
12:30				
12:45				

M T W R F S Su

_____/_____ (Date)

	Party Size	Name	Phone	Notes
5:00				
5:15				
5:30				
5:45				
6:00				
6:15				
6:30				
6:45				
7:00				
7:15				
7:30				
7:45				
8:00				
8:15				
8:30				
8:45				
9:00				
9:15				
9:30				
9:45				
10:00				
10:15				
10:30				
10:45				
11:00				
11:15				
11:30				
11:45				
12:00				
12:15				
12:30				
12:45				

M T W R F S Su

_____/_____ (Date)

	Party Size	Name	Phone	Notes
5:00				
5:15				
5:30				
5:45				
6:00				
6:15				
6:30				
6:45				
7:00				
7:15				
7:30				
7:45				
8:00				
8:15				
8:30				
8:45				
9:00				
9:15				
9:30				
9:45				
10:00				
10:15				
10:30				
10:45				
11:00				
11:15				
11:30				
11:45				
12:00				
12:15				
12:30				
12:45				

M T W R F S Su

_____/_____ (Date)

	Party Size	Name	Phone	Notes
5:00				
5:15				
5:30				
5:45				
6:00				
6:15				
6:30				
6:45				
7:00				
7:15				
7:30				
7:45				
8:00				
8:15				
8:30				
8:45				
9:00				
9:15				
9:30				
9:45				
10:00				
10:15				
10:30				
10:45				
11:00				
11:15				
11:30				
11:45				
12:00				
12:15				
12:30				
12:45				

M T W R F S Su

_____/_____ (Date)

	Party Size	Name	Phone	Notes
5:00				
5:15				
5:30				
5:45				
6:00				
6:15				
6:30				
6:45				
7:00				
7:15				
7:30				
7:45				
8:00				
8:15				
8:30				
8:45				
9:00				
9:15				
9:30				
9:45				
10:00				
10:15				
10:30				
10:45				
11:00				
11:15				
11:30				
11:45				
12:00				
12:15				
12:30				
12:45				

M T W R F S Su

_____/_____ (Date)

	Party Size	Name	Phone	Notes
5:00				
5:15				
5:30				
5:45				
6:00				
6:15				
6:30				
6:45				
7:00				
7:15				
7:30				
7:45				
8:00				
8:15				
8:30				
8:45				
9:00				
9:15				
9:30				
9:45				
10:00				
10:15				
10:30				
10:45				
11:00				
11:15				
11:30				
11:45				
12:00				
12:15				
12:30				
12:45				

M T W R F S Su

_____ / _____ (Date)

	Party Size	Name	Phone	Notes
5:00				
5:15				
5:30				
5:45				
6:00				
6:15				
6:30				
6:45				
7:00				
7:15				
7:30				
7:45				
8:00				
8:15				
8:30				
8:45				
9:00				
9:15				
9:30				
9:45				
10:00				
10:15				
10:30				
10:45				
11:00				
11:15				
11:30				
11:45				
12:00				
12:15				
12:30				
12:45				

M T W R F S Su

_____/_____ (Date)

	Party Size	Name	Phone	Notes
5:00				
5:15				
5:30				
5:45				
6:00				
6:15				
6:30				
6:45				
7:00				
7:15				
7:30				
7:45				
8:00				
8:15				
8:30				
8:45				
9:00				
9:15				
9:30				
9:45				
10:00				
10:15				
10:30				
10:45				
11:00				
11:15				
11:30				
11:45				
12:00				
12:15				
12:30				
12:45				

M T W R F S Su

_____/_____ (Date)

	Party Size	Name	Phone	Notes
5:00				
5:15				
5:30				
5:45				
6:00				
6:15				
6:30				
6:45				
7:00				
7:15				
7:30				
7:45				
8:00				
8:15				
8:30				
8:45				
9:00				
9:15				
9:30				
9:45				
10:00				
10:15				
10:30				
10:45				
11:00				
11:15				
11:30				
11:45				
12:00				
12:15				
12:30				
12:45				

M T W R F S Su

_____/_____ (Date)

	Party Size	Name	Phone	Notes
5:00				
5:15				
5:30				
5:45				
6:00				
6:15				
6:30				
6:45				
7:00				
7:15				
7:30				
7:45				
8:00				
8:15				
8:30				
8:45				
9:00				
9:15				
9:30				
9:45				
10:00				
10:15				
10:30				
10:45				
11:00				
11:15				
11:30				
11:45				
12:00				
12:15				
12:30				
12:45				

M T W R F S Su

_____/_____ (Date)

	Party Size	Name	Phone	Notes
5:00				
5:15				
5:30				
5:45				
6:00				
6:15				
6:30				
6:45				
7:00				
7:15				
7:30				
7:45				
8:00				
8:15				
8:30				
8:45				
9:00				
9:15				
9:30				
9:45				
10:00				
10:15				
10:30				
10:45				
11:00				
11:15				
11:30				
11:45				
12:00				
12:15				
12:30				
12:45				

M T W R F S Su

_____/_____ (Date)

	Party Size	Name	Phone	Notes
5:00				
5:15				
5:30				
5:45				
6:00				
6:15				
6:30				
6:45				
7:00				
7:15				
7:30				
7:45				
8:00				
8:15				
8:30				
8:45				
9:00				
9:15				
9:30				
9:45				
10:00				
10:15				
10:30				
10:45				
11:00				
11:15				
11:30				
11:45				
12:00				
12:15				
12:30				
12:45				

www.ingramcontent.com/pod-product-compliance
Lightning Source LLC
Chambersburg PA
CBHW082013230526
45466CB00021B/2254